Bibel für Android-Benutzer

Der komplette Leitfaden für Digital-Experten

Tech Trends

INHALTSVERZEICHNIS

Bibel für Android-Benutzer

3

Bibel für Android-Benutzer

Bibel für Android-Benutzer

Einführung

Willkommen in der riesigen und sich ständig weiterentwickelnden Welt von Android! Egal, ob Sie ein erfahrener Technik-Enthusiast sind oder jemand, der gerade sein erstes Android-Telefon ausgepackt hat, Sie sind dabei, sich auf eine Reise zu begeben, die die Art und Weise, wie Sie mit Ihrem Gerät interagieren, verändern wird. Android ist nicht nur ein Smartphone-Betriebssystem; Es handelt sich um ein ganzes Ökosystem, das weltweit über 2,5 Milliarden Geräte antreibt. Von Smartphones über Tablets, Wearables, Smart-TVs bis hin zu Autos ist Android zum Rückgrat der digitalen Kommunikation und Konnektivität auf der ganzen Welt geworden.

Im Android-Universum haben Sie Zugriff auf ein beispielloses Maß an Anpassung, Flexibilität und Kontrolle über die Funktionsweise Ihres

Geräts. Diese Freiheit ermöglicht es Ihnen, Ihr Telefon wirklich zu gestalten *dein–* im Gegensatz zu anderen Plattformen, bei denen Sie auf eine starre Reihe von Features und Funktionalitäten beschränkt sind. Mit Android können Sie praktisch jeden Aspekt Ihres Geräts optimieren, anpassen und personalisieren, was es zu einem unverzichtbaren Werkzeug für Arbeit, Unterhaltung, Produktivität und das tägliche Leben macht.

Aber Android kann sich auch wie ein Labyrinth aus Optionen, Einstellungen und Funktionen anfühlen – insbesondere für Anfänger. Es geht nicht mehr nur darum, Anrufe zu tätigen und Textnachrichten zu senden. Es geht darum, Ihr Leben nahtlos, effizient und vor allem angenehm in Ihr Telefon zu integrieren. Hier kommt dieser Leitfaden ins Spiel, der Ihnen hilft, die reiche und vielfältige Android-Landschaft sicher zu erkunden und sich darin zurechtzufinden.

Warum dieser Leitfaden wichtig ist

Es lässt sich nicht leugnen, dass Android auf den ersten Blick etwas überwältigend wirken kann. Bei so vielen Modellen, Versionen und Herstellern, die zum Android-Ökosystem beitragen, kann es leicht passieren, dass man sich im Meer der Optionen verliert. Aber keine Sorge – genau dafür gibt es diesen Leitfaden. Betrachten Sie es als Ihre Karte zum Android-Universum, die Ihre Reise so reibungslos wie möglich gestalten soll, unabhängig von Ihrem Erfahrungsstand.

Warum sollten Sie diesen Leitfaden lesen?

- **Um das volle Potenzial von Android auszuschöpfen**: Viele Menschen kratzen nur an der Oberfläche dessen, wozu ihr Android-Gerät fähig ist. Wenn Sie Ihr Telefon nur für das Nötigste nutzen – Anrufe, Textnachrichten und ein paar Apps – verpassen Sie das enorme Potenzial, das es bietet. Dieser Leitfaden zeigt Ihnen, wie Sie Funktionen nutzen, die Ihr Telefon in ein leistungsstarkes Werkzeug für Produktivität, Kreativität und Unterhaltung verwandeln.

- **Um Zeit und Frust zu sparen**: Das Erlernen des Umgangs mit einem neuen Gerät kann zeitaufwändig sein und ohne die richtigen Kenntnisse zu unnötiger Frustration führen. Anstatt endlos zu googeln oder Versuch-und-Irrtum-Experimente durchzuführen, bringt dieser Leitfaden alle wesentlichen Informationen an einem Ort zusammen. Es soll Ihnen genau das beibringen, was Sie wissen müssen, sodass Sie weniger Zeit damit verbringen müssen, Dinge herauszufinden, und mehr Zeit damit haben, Ihr Telefon zu genießen.

- **Um sicher und effizient zu bleiben**: Android bietet viel Leistung und Freiheit, aber damit geht auch Verantwortung einher. Die ordnungsgemäße Verwaltung der Sicherheit und Leistung Ihres Geräts ist in der heutigen technikorientierten Welt von entscheidender Bedeutung. Von der

sicheren Einrichtung Ihres Telefons bis
zur Aufrechterhaltung seiner
Geschwindigkeit und Effizienz im Laufe
der Zeit stellt dieser Leitfaden sicher, dass
Sie Ihr Telefon nicht nur, sondern
intelligent nutzen.

- **Zum Anpassen und Personalisieren**:
  Einer der größten Vorteile von Android ist
  die beispiellose Möglichkeit, Ihr Gerät an
  Ihre Vorlieben anzupassen. Dieser
  Leitfaden führt Sie durch die Anpassung
  der Benutzeroberfläche Ihres Telefons, die
  Erkundung von Drittanbieter-Apps und
  die Freischaltung erweiterter Funktionen
  wie Automatisierung, sodass Sie die volle
  Kontrolle über das Aussehen und die
  Funktionsweise Ihres Telefons haben.

Im Wesentlichen ist dieser Leitfaden der
ultimative Leitfaden, um ein selbstbewusster und
kompetenter Android-Benutzer zu werden. Ganz
gleich, ob Sie Android-Neuling sind oder
einfach nur Ihre Kenntnisse vertiefen möchten:

Dieses Buch soll das Lernen einfach, ansprechend und unterhaltsam machen.

Für wen dieses Buch gedacht ist

Dieser Leitfaden ist für **alle**– vom Anfänger bis zum erfahrenen Android-Benutzer – denn egal wie vertraut Sie mit Android sind, es gibt immer etwas Neues zu lernen. Hier ist eine Aufschlüsselung, wer von diesem Buch profitieren kann:

- **Neue Android-Benutzer**: Wenn Sie gerade von einer anderen Plattform auf Android umgestiegen sind oder dies Ihr allererstes Smartphone ist, führt Sie dieses Buch durch die Grundlagen. Sie erfahren, wie Sie Ihr Gerät einrichten, in der Benutzeroberfläche navigieren, Apps herunterladen und verwalten und grundlegende Funktionen beherrschen. Alles wird in klaren, leicht verständlichen Schritten erklärt, so dass sich auch der technisch weniger versierte Benutzer wohl fühlen kann.

- **Alltägliche Android-Nutzer**: Sie verwenden vielleicht schon seit Jahren ein Android-Telefon, aber nutzen Sie dessen Funktionen voll aus? Dieses Buch befasst sich mit einigen der fortgeschritteneren Funktionen von Android, von der Automatisierung von Aufgaben mit Apps wie Tasker bis hin zur Verwendung versteckter Funktionen wie dem Entwicklermodus. Wenn Sie das Gefühl haben, dass Sie nur 50 % der Möglichkeiten Ihres Telefons nutzen, hilft Ihnen dieser Leitfaden dabei, das verbleibende Potenzial auszuschöpfen.
- **Power-User und Technikbegeisterte**: Wenn Sie zu den Benutzern gehören, die Ihr Android-Gerät an seine Grenzen bringen möchten, behandelt dieses Handbuch Themen wie Rooting, benutzerdefinierte ROMs und sogar ADB (Android Debug Bridge). Auch wenn diese Themen möglicherweise nicht für jeden notwendig sind, sind sie für diejenigen, die die technischeren

Möglichkeiten von Android erkunden möchten, unverzichtbar. Darüber hinaus enthält dieses Buch Tipps und Tricks zur Optimierung der Leistung, zur Verlängerung der Akkulaufzeit und zur Verbesserung der Sicherheit – wichtiges Wissen für alle, die immer einen Schritt voraus sein wollen.

- **Fachleute und Produktivitätssuchende**: Für Geschäftsanwender oder Einzelpersonen, die auf ihr Android-Telefon angewiesen sind, um tägliche Aufgaben zu erledigen, Besprechungen zu planen oder organisiert zu bleiben, zeigt dieser Leitfaden die besten Produktivitäts-Apps und -Strategien. Egal, ob Sie Hilfe beim Verwalten von E-Mails, beim Erstellen von Aufgabenlisten oder bei der Arbeit unterwegs benötigen, dieses Buch deckt alles ab, was Sie brauchen, um Ihr Android-Gerät in ein Produktivitätskraftwerk zu verwandeln.

- **Eltern und Familien**: Wenn Sie als Eltern Android-Geräte für Ihre Kinder einrichten oder mehrere Geräte in Ihrem Haushalt verwalten, kann dieser Leitfaden wertvolle Ratschläge zum Einrichten der Kindersicherung, zum Verwalten der Bildschirmzeit und zum Sicherstellen, dass das digitale Erlebnis Ihrer Familie sicher ist, geben und produktiv.
- **Senioren**: Für ältere Benutzer, die mit moderner Technologie möglicherweise nicht so vertraut sind, erklärt dieser Leitfaden alles Schritt für Schritt und leicht verständlich. Es gibt Tipps, wie Sie die Verwendung des Telefons vereinfachen können, z. B. das Anpassen der Schriftgröße, das Vereinfachen der Benutzeroberfläche und das Sicherstellen, dass wichtige Funktionen wie Notfallkontakte leicht zugänglich sind.
- **Neugierige Lernende**: Auch wenn Sie bereits die Grundlagen zur Verwendung Ihres Android-Telefons kennen, gibt es immer Raum, etwas Neues zu lernen.

Vielleicht möchten Sie die Automatisierung erkunden, Ihre fotografischen Fähigkeiten mit Ihrer Android-Kamera verbessern oder lernen, wie Sie Ihren Startbildschirm mit Widgets und Startern anpassen – was auch immer Ihr Interesse ist, dieses Buch bietet die Tools und das Wissen, um dies zu erreichen.

Egal, wo Sie sich auf Ihrer Android-Reise befinden, dieser Leitfaden wurde speziell für Sie geschrieben. Es ist als umfassende, benutzerfreundliche Ressource konzipiert, die mit Ihnen wächst, wenn Sie sicherer und kompetenter im Umgang mit Ihrem Android-Gerät werden.

Kapitel 1: Einführung in Android

Was ist Android?

Android ist ein Open-Source-Betriebssystem (OS), das hauptsächlich für mobile Geräte wie Smartphones und Tablets entwickelt wurde. Entwickelt von **Google**, Android hat sich zum weltweit beliebtesten mobilen Betriebssystem entwickelt und läuft auf Milliarden von Geräten weltweit. Im Kern basiert Android auf dem **Linux-Kernel**Dadurch kann es effizient auf einer breiten Palette von Hardware ausgeführt werden, von Low-End-Smartphones über Hochleistungs-Tablets bis hin zu einigen IoT-Geräten (Internet der Dinge).

Bei Android geht es nicht nur um Telefone – es ist ein ganzes Ökosystem. Sie finden Android für alles, von Smartwatches über Fernseher und Auto-Infotainmentsysteme bis hin zu Haushaltsgeräten. Das Android-Betriebssystem ist flexibel konzipiert, sodass Gerätehersteller die Software an ihre Hardware anpassen können. Das bedeutet, dass Android zwar ein konsistentes Benutzererlebnis auf verschiedenen Geräten bietet, aber auch viel Raum für individuelle Anpassungen bietet, weshalb keine zwei Android-Geräte genau gleich sind.

Das Herzstück von Android ist das **Google Play Store**, mit dem Benutzer Millionen von Apps herunterladen und installieren können – von Spielen und Produktivitätstools bis hin zu sozialen Medien und Unterhaltungsplattformen. Google Play ist ein wesentlicher Bestandteil der Attraktivität von Android und bietet Benutzern Zugriff auf ein Ökosystem von Apps und

Diensten, die nahezu jeden erdenklichen Bedarf abdecken.

Aber Android ist mehr als nur Software. Es handelt sich um eine Plattform, die sich tief in die Service-Suite von Google wie Gmail, Google Kalender, Google Drive und Google Assistant integriert. Diese Integration macht Android-Geräte äußerst vielseitig und nützlich für private und berufliche Aufgaben.

Geschichte und Entwicklung des Android-Betriebssystems

Die Geschichte von Android beginnt im Jahr 2003, als es ursprünglich von einem Unternehmen namens entwickelt wurde **Android Inc.**, gegründet von **Andy Rubin**, **Reicher Bergmann**, **Nick Sears**, Und **Chris White**. Ihr ursprüngliches Ziel war die Entwicklung eines fortschrittlichen Betriebssystems für Digitalkameras. Da sie jedoch das breitere Potenzial mobiler Geräte erkannten, wandten sie sich der Entwicklung eines Betriebssystems für Smartphones zu. Im

Jahr 2005 **Google** erkannte das Potenzial von Android und erwarb das Unternehmen. Dies markierte den Beginn der Reise von Android zum weltweit führenden mobilen Betriebssystem.

Im Jahr 2007 kündigte Google offiziell Android als mobiles Betriebssystem an. Was Android damals von anderen Betriebssystemen wie Apples iOS oder BlackBerry OS unterschied, war sein Open-Source-Charakter. Dies bedeutet, dass jeder Entwickler oder Hersteller Android verwenden und an seine Bedürfnisse anpassen kann. Dieser Open-Source-Ansatz verhalf Android zu einer raschen weltweiten Verbreitung, da viele Hersteller die Plattform übernehmen konnten, ohne hohe Lizenzgebühren zu zahlen.

Die Zeitleiste der Android-Evolution:

1. **Android 1.0 (2008):** Die erste kommerzielle Version von Android wurde auf dem HTC Dream (in den USA auch als T-Mobile G1 bekannt) veröffentlicht.

Es enthielt grundlegende Apps wie einen
Webbrowser, E-Mail, Kalender und
Google Maps. Zu diesem Zeitpunkt war
Android im Vergleich zu dem, was wir
heute kennen, noch sehr rudimentär.

2. **Android 1.5 – Cupcake (2009):** Dies war
   die erste Android-Version mit einem auf
   Desserts basierenden Codenamen und
   begründete damit eine Tradition, die viele
   Jahre andauern sollte. Cupcake führte eine
   virtuelle Tastatur, Widgets und die
   Möglichkeit ein, Videos direkt auf
   YouTube hochzuladen.

3. **Android 2.2 – Froyo (2010):** Froyo
   markierte eine deutliche
   Leistungssteigerung und führte
   Funktionen wie USB-Tethering,
   Wi-Fi-Hotspot-Funktionalität und die
   Möglichkeit ein, Apps auf einer SD-Karte
   zu installieren.

4. **Android 2.3 – Lebkuchen (2010):** Diese
   Version konzentrierte sich auf die
   Verbesserung des
   Benutzeroberflächendesigns und brachte

native Unterstützung für nach vorne gerichtete Kameras, was den Weg für Videoanrufe ebnete.

5. **Android 3.0 – Honeycomb (2011):** Honeycomb, eine speziell für Tablets entwickelte Version, führte eine holografische Benutzeroberfläche ein und legte Wert auf Multitasking.

6. **Android 4.0 – Ice Cream Sandwich (2011):** Diese Version vereinheitlichte das Android-Erlebnis für Smartphones und Tablets. Es brachte große Designänderungen mit sich und führte Funktionen wie Gesichtsentsperrung und Benachrichtigungen zum Verwerfen durch Wischen ein.

7. **Android 4.1 – Jelly Bean (2012):** Jelly Bean hat die Benutzeroberfläche reibungsloser gestaltet **Projekt Butter**, wodurch Übergänge und Animationen flüssiger wurden. Es wurde auch eingeführt **Google jetzt**, ein intelligenter persönlicher Assistent.

8. **Android 5.0 – Lollipop (2014):** Lollipop war aufgrund seiner Einführung ein Meilenstein **Materialdesign**, eine neue visuelle Sprache, die Android-Geräte zusammenhängender und moderner aussehen lässt. Außerdem gab es die erste große Neugestaltung der Android-Oberfläche und erweiterte Benachrichtigungen.

9. **Android 6.0 – Marshmallow (2015):** Diese Version konzentrierte sich auf die Verfeinerung der Benutzererfahrung durch die Einführung von Funktionen wie **Doze Mode** um die Akkulaufzeit zu verlängern und ein neues Berechtigungssystem, das Benutzern mehr Kontrolle über App-Berechtigungen gibt.

10. **Android 7.0 – Nougat (2016):** Nougat mitgebracht **Split-Screen-Multitasking,** **verbesserte Benachrichtigungen,** und die **Google Assistant** wurde in Pixel-Telefonen eingeführt und wurde zu einem Markenzeichen von Android-Geräten.

11. **Android 8.0 – Oreo (2017):** Bei Oreo ging es darum, die Benutzererfahrung zu verbessern und Funktionen wie bereitzustellen **Bild-im-Bild, Benachrichtigungspunkte**, Und **Autofill-APIs**. Es wurde auch eingeführt **Projekt Treble**, was es für Hersteller einfacher machte, Geräte auf neuere Android-Versionen zu aktualisieren.

12. **Android 9.0 – Pie (2018):** Mit Pie begann Google zu betonen **digitales Wohlbefinden** durch die Einführung von Tools wie App-Timern und einem Dashboard, das anzeigt, wie viel Zeit Benutzer auf ihren Geräten verbracht haben. Außerdem wurde ein gestenbasiertes Navigationssystem eingeführt.

13. **Android 10 (2019):** Android 10 verzichtet auf Dessertnamen und markiert damit einen Wandel im Google-Branding. Es wurde eingeführt **Dunkelmodus**, erweiterte Datenschutzkontrollen und **Live-Untertitel**, das Echtzeituntertitel für

auf dem Gerät abgespielte Medien bereitstellt.

14. **Android 11 (2020):** Mit Android 11 lag der Schwerpunkt auf der Verbesserung der Nachrichtenübermittlung **Blasen** für Gespräche und eine bessere Gruppierung von Benachrichtigungen. Darüber hinaus wurden die Gerätekontrolle und die Datenschutzeinstellungen verbessert, sodass Benutzer mehr Kontrolle über die Berechtigungen für Apps haben.

15. **Android 12 (2021):** Mit **Android 12**, Google führte eine umfassende Neugestaltung namens ein **Material Sie**, mit dem Benutzer das Farbschema ihrer Systembenutzeroberfläche basierend auf ihrem Hintergrundbild anpassen konnten. Es brachte auch erweiterte Datenschutzfunktionen wie ein Datenschutz-Dashboard und Indikatoren für die Kamera- und Mikrofonnutzung.

16. **Android 13 (2022):** Der Schwerpunkt dieser Version lag auf der Verfeinerung, dem weiteren Ausbau von Material You,

der Verbesserung mehrsprachiger Funktionen und der Erweiterung der Unterstützung für faltbare Geräte und große Bildschirme.

Verschiedene Android-Versionen verstehen

Android entwickelt sich ständig weiter und jede neue Version bringt Verbesserungen, neue Funktionen und eine höhere Leistung. Um das Beste aus Ihrem Android-Gerät herauszuholen, ist es wichtig, die Unterschiede zwischen diesen Versionen zu verstehen.

Jede Android-Version baut auf der vorherigen auf und bietet neue Funktionalitäten und Leistungsverbesserungen. Hier sind einige wichtige Funktionen und Verbesserungen, die mit verschiedenen Android-Versionen einhergingen:

- **Android 1.0 bis 4.0 (Die Anfänge)**: Die frühen Versionen von Android führten die grundlegenden Funktionen ein, die wir heute für selbstverständlich halten, wie Multitasking, Benachrichtigungen und die Möglichkeit, den Startbildschirm anzupassen. Der Schwerpunkt dieser Versionen lag vor allem auf der Funktionalität und der Etablierung von Android als Konkurrent zu anderen mobilen Plattformen.

- **Android 4.1 bis 4.4 (Jelly Bean bis KitKat)**: Der Schwerpunkt dieser Versionen lag auf der Verbesserung der Benutzererfahrung. **Projekt Butter** machte die Benutzeroberfläche flüssiger, während **Google jetzt** Einführung kontextbezogener, sprachaktivierter Suchvorgänge. Android begann auch optisch einheitlicher zu werden **Laufen**, seine damals aktuelle Designsprache.
- **Android 5.0 bis 7.1 (Lollipop bis Nougat)**: In dieser Android-Ära wurde Folgendes eingeführt: **Materialdesign**, eine neue visuelle Ästhetik, die der Android-Benutzeroberfläche Zusammenhalt und Glanz verleiht. Es

brachte auch erweiterte Funktionen wie **Split-Screen-Multitasking, Mode dösen** für eine bessere Akkulaufzeit und **Google Assistant**.

- **Android 8.0 bis 10 (Oreo bis Android 10)**: Android legte in dieser Zeit Wert auf bessere Leistung, Sicherheit und Datenschutz. **Projekt Treble** verbesserte Software-Updates, während Funktionen wie **Bild-im-Bild, automatisch ausfüllen**, Und **Dunkelmodus** machte das System benutzerfreundlicher.

- **Android 11 bis 13**: Diese aktuellen Versionen haben sich stark auf Datenschutz, Geräteanpassung und Verbesserungen der Benutzererfahrung konzentriert. Android hat Funktionen wie eingeführt **Blasen** zum Verwalten von Gesprächen, **Material Sie** für umfassende visuelle Anpassung sowie verbesserte Gerätekontrollen und Sicherheitsmaßnahmen.

Jede Android-Version führt spezifische Funktionen ein, die das Betriebssystem benutzerfreundlicher, sicherer und effizienter machen sollen. Wenn Sie die Funktionen Ihrer spezifischen Android-Version kennen, können Sie Ihr Gerät optimal nutzen.

Kapitel 2: Einrichten Ihres neuen Android-Telefons

Auspacken und erste Eindrücke

Das Auspacken eines brandneuen Android-Telefons hat etwas ganz Besonderes. Ganz gleich, ob Sie sich für ein Top-Flaggschiff oder ein preisgünstiges Modell entschieden haben, der Nervenkitzel, die Schutzfolie abzuziehen und Ihr neues Gerät zum ersten Mal in die Hand zu nehmen, lässt nie nach. Bevor Sie jedoch in die Welt der Apps, sozialen Medien und Individualisierung eintauchen, müssen Sie

einige wichtige Dinge tun, um Ihr Telefon für
optimale Leistung einzurichten.

Wenn Sie Ihr neues Android-Telefon auspacken,
werden Sie als Erstes das mitgelieferte Zubehör
bemerken. Normalerweise finden Sie ein
Ladekabel, einen Wandadapter, ein
SIM-Auswurfwerkzeug und manchmal sogar
einen Kopfhörer (obwohl dies immer seltener
wird). Je nach Hersteller finden Sie in einigen
Paketen auch eine Schutzhülle oder einen
Displayschutz.

Nehmen Sie sich einen Moment Zeit, um das
Telefon selbst zu untersuchen – sein Design,
seine Verarbeitungsqualität und die physischen
Tasten. Die meisten modernen Android-Telefone
verfügen über a **Power-Taste**,
Lautstärketasten, und möglicherweise ein
dedizierter **Google Assistant-Schaltfläche**. Auf
der Rückseite oder an den Seiten finden Sie
wahrscheinlich eines oder mehrere **Kameras**, A
Fingerabdruckscanner, und manchmal a
SIM-Fach Darin befindet sich möglicherweise
auch ein microSD-Kartensteckplatz für

erweiterbaren Speicher. Die Platzierung dieser Funktionen kann je nach Hersteller variieren.

Nach dem Auspacken besteht der nächste Schritt darin, Ihr Telefon bei Bedarf aufzuladen. Auch wenn Telefone in der Regel direkt nach dem Auspacken über eine gewisse Akkuleistung verfügen, ist es immer eine gute Idee, Ihr neues Gerät vollständig aufzuladen, bevor Sie mit der Einrichtung fortfahren. Durch das Aufladen Ihres Telefons wird sichergestellt, dass es über genügend Strom verfügt, um den Ersteinrichtungsvorgang ohne Unterbrechung abzuschließen.

Ersteinrichtung: Konto, WLAN und Grundeinstellungen

Sobald Ihr Telefon aufgeladen und eingeschaltet ist, werden Sie durch den Ersteinrichtungsvorgang geführt. Hier beginnen Sie, Ihr Gerät zu personalisieren und zu Ihrem eigenen zu machen.

1. **Einschalten Ihres Geräts**: Halten Sie die Ein-/Aus-Taste gedrückt. Das Telefon fährt hoch und zeigt das Android-Logo oder das Logo des Herstellers (Samsung, Google, OnePlus usw.) an. Sie werden vom Android-Setup-Bildschirm begrüßt, der Sie auffordert, Ihre bevorzugte Sprache auszuwählen. Wählen Sie die Sprache aus, die Ihnen am besten gefällt, und tippen Sie auf „Weiter", um fortzufahren.

2. **Einlegen Ihrer SIM-Karte**: Wenn Sie Ihr Telefon über ein Mobilfunknetz nutzen möchten, müssen Sie Ihre SIM-Karte einlegen. Mit der SIM-Karte kann Ihr Telefon für Anrufe, SMS und Daten eine Verbindung zu Mobilfunknetzen herstellen. Öffnen Sie das SIM-Fach mit dem SIM-Auswurfwerkzeug (normalerweise im Lieferumfang enthalten) und legen Sie die SIM-Karte dann vorsichtig in den dafür vorgesehenen Steckplatz ein. Sobald die SIM-Karte eingelegt ist, sollte Ihr Telefon sie

automatisch erkennen und mit der Einrichtung Ihres Netzwerks beginnen.

3. **Verbindung mit WLAN herstellen**: Als Nächstes werden Sie von Ihrem Telefon aufgefordert, eine Verbindung herzustellen **Wi-Fi-Netzwerk**. Dieser Schritt ist besonders dann von entscheidender Bedeutung, wenn Sie nur über begrenzte mobile Daten verfügen, da die meisten Apps und Updates eine Internetverbindung erfordern. Wählen Sie Ihr WLAN-Netzwerk aus der Liste der verfügbaren Optionen aus, geben Sie das Passwort ein und stellen Sie eine Verbindung her. Sobald die Verbindung hergestellt ist, sucht Ihr Telefon wahrscheinlich nach Software-Updates, um sicherzustellen, dass Sie die neueste Android-Version verwenden.

4. **Einrichten eines Google-Kontos**: Einer der wichtigsten Schritte beim Einrichten Ihres Android-Telefons ist das Verbinden Ihres Google-Kontos. Android und Google sind eng integriert und viele der

Kernfunktionen des Telefons – wie das Herunterladen von Apps aus dem Play Store, das Synchronisieren von Kontakten, die Verwendung von Google Drive und der Zugriff auf Gmail – sind an Ihr Google-Konto gebunden. Wenn Sie bereits über ein Google-Konto verfügen, geben Sie einfach Ihre E-Mail-Adresse und Ihr Passwort ein. Wenn nicht, können Sie direkt über den Einrichtungsbildschirm ein neues Google-Konto erstellen.

5. **Ortungsdienste**: Während des Einrichtungsvorgangs werden Sie von Android gefragt, ob Sie die Funktion aktivieren möchten **Ortungsdienste**. Diese Funktion ermöglicht es Apps wie Google Maps, Fahrdiensten und Wetter-Apps, genaue standortbezogene Informationen bereitzustellen. Ortungsdienste sind zwar praktisch, ihre Aktivierung kann sich jedoch geringfügig auf die Akkulaufzeit auswirken. Für die meisten Benutzer lohnt sich der

Kompromiss jedoch aufgrund der erweiterten Funktionalität.

6. **Sicherheitsoptionen einrichten**: Sicherheit hat für jeden Smartphone-Nutzer oberste Priorität und Android bietet Ihnen mehrere Möglichkeiten, Ihr Gerät zu schützen. Sie können es einrichten **Bildschirmsperren** (PIN, Muster oder Passwort), **Entsperren per Fingerabdruck**, und sogar **Gesichtserkennung** Abhängig von der Hardware Ihres Telefons. Durch das Einrichten von Sicherheitsoptionen während der Ersteinrichtung wird sichergestellt, dass Ihre Daten sicher bleiben und Ihr Telefon vor unbefugtem Zugriff geschützt ist.

7. **Datenübertragung von Ihrem alten Gerät**: Wenn Sie ein Upgrade von einem anderen Android-Telefon oder sogar einem iPhone durchführen, bietet Android eine einfache Möglichkeit, Ihre Daten auf Ihr neues Gerät zu übertragen. Sie können verwenden **Googles Backup** Funktion

oder die „**Intelligenter Schalter**" App (für Samsung-Geräte) zum Übertragen von Kontakten, Apps, Nachrichten und Medien von Ihrem alten Telefon. Während des Einrichtungsvorgangs werden Sie aufgefordert, auszuwählen, ob Sie Daten von einem vorherigen Gerät wiederherstellen oder neu starten möchten. Wenn Sie sich für die Datenübertragung entscheiden, führt Sie der Einrichtungsassistent durch die einzelnen Schritte und sorgt so für einen reibungslosen Übergang zu Ihrem neuen Gerät.

8. **Überprüfen zusätzlicher Einstellungen**: Android fordert Sie dann auf, einige zusätzliche Einstellungen zu überprüfen und zu bestätigen, z **Backup-Einstellungen** Und **Einrichtung von Google Assistant**. Sie können auch auswählen, ob bestimmte Funktionen aktiviert werden sollen, z **automatische Updates** Und **personalisierte Anzeigen**. Nehmen Sie sich hier Zeit, um

sicherzustellen, dass Sie Ihr Telefon so einrichten, dass es Ihren Vorlieben entspricht.

9. **Software-Updates**: Nach Abschluss des Einrichtungsvorgangs benachrichtigt Sie Ihr Android-Telefon möglicherweise über verfügbare Software-Updates. Es ist wichtig, diese Updates zu installieren, da sie häufig Sicherheitspatches, Fehlerbehebungen und Leistungsverbesserungen enthalten. Abhängig von der Größe des Updates kann dieser Vorgang einige Minuten dauern, lohnt sich jedoch aufgrund der Vorteile, die er mit sich bringt.

Synchronisieren Sie Ihr Google-Konto

Sobald Ihr Google-Konto eingerichtet ist, beginnt Ihr Telefon mit der Synchronisierung wichtiger Daten von Ihrem Konto, sodass der Übergang zum neuen Gerät reibungslos verläuft.

1. **Kontakte und Kalender**: Eines der ersten Dinge, die Ihr Telefon synchronisiert, ist Ihr **Kontakte** Und **Kalender**. Wenn Sie auf einem früheren Android-Gerät ein Google-Konto verwendet haben, werden alle Ihre Kontakte, Kalendertermine und Ereignisse automatisch auf Ihrem neuen Telefon angezeigt. Das bedeutet, dass Sie sich nicht um den manuellen Import oder Export von Daten kümmern müssen.

2. **Google Drive und Fotos**: Wenn Sie verwendet haben **Google Drive** oder **Google Fotos**, diese Apps synchronisieren Ihre gespeicherten Dateien und Fotos automatisch mit Ihrem neuen Gerät. Google Fotos bietet kostenlosen Cloud-Speicher für Ihre Bilder (mit einigen Einschränkungen) und nach der Synchronisierung können Sie Ihre alten Fotos auf Ihrem neuen Telefon ansehen, ohne sie manuell übertragen zu müssen.

3. **Apps und Einstellungen**: Mit Android können Sie Ihre Apps und bestimmte Einstellungen von Ihrem alten Telefon

wiederherstellen. Während des Einrichtungsvorgangs werden Sie von Ihrem Telefon gefragt, ob Sie Apps und Einstellungen von einem früheren Android-Gerät wiederherstellen möchten. Wenn Sie diese Option wählen, lädt Android Ihre zuvor verwendeten Apps herunter, installiert sie und platziert sie auf Wunsch sogar im gleichen Startbildschirm-Layout. Dies ist besonders nützlich, wenn Sie viele Apps haben und eine manuelle Neuinstallation dieser vermeiden möchten.

4. **E-Mail und Gmail**: Dein **Google Mail Und andere E-Mail-Konten** Die mit Ihrem Google-Konto verknüpften Dateien werden ebenfalls automatisch synchronisiert. Das bedeutet, dass alle Ihre E-Mails, gespeicherten Entwürfe und Etiketten auf Ihrem neuen Android-Telefon angezeigt werden. Wenn Sie über zusätzliche E-Mail-Konten verfügen (z. B. Yahoo, Outlook oder eine geschäftliche E-Mail-Adresse), können

Sie diese über hinzufügen **E-Mail-App** oder die **Gmail-App** während der Einrichtung oder nachträglich in den Geräteeinstellungen.

5. **Chrome-Lesezeichen und -Daten**: Wenn Sie verwendet haben **Google Chrome** als Ihr Webbrowser, alle Ihre **Lesezeichen, Browserverlauf, gespeicherte Passwörter**, Und **Informationen zum automatischen Ausfüllen** wird mit Ihrem neuen Gerät synchronisiert. Dadurch können Sie ganz einfach dort weitermachen, wo Sie aufgehört haben, ohne sich Passwörter merken oder gespeicherte Webseiten manuell importieren zu müssen.

6. **Google Keep- und Drive-Dokumente**: Für Benutzer, die sich darauf verlassen **Google Keep** zum Notieren bzw **Google Drive** Für die Dokumentenspeicherung wird durch die Synchronisierung Ihres Kontos sofort der Zugriff auf alle Ihre Notizen, Listen, Dokumente und Tabellen wiederhergestellt. Dies ist äußerst nützlich

für die Produktivität, da alle wichtigen Informationen auf Ihrem neuen Gerät sofort verfügbar sind.

7. **Google Play-Käufe**: Beliebig **Apps, Filme, Musik oder Bücher** Sie haben über das gekauft **Google Play Store** wird auch mit Ihrem neuen Android-Telefon synchronisiert. Sie können diese Einkäufe erneut herunterladen, ohne erneut zu bezahlen **App-Fortschritt**B. Spielstände oder Einstellungen, können abhängig von den Sicherungsfunktionen der App ebenfalls wiederhergestellt werden.

8. **Google Assistant**: Während der Einrichtung werden Sie auch zur Aktivierung aufgefordert **Google Assistant**, Ihr digitaler Helfer. Durch die Synchronisierung Ihres Google-Kontos kann der Assistent auf Ihre Kalenderereignisse, E-Mails, Erinnerungen und Präferenzen zugreifen und maßgeschneiderte Antworten basierend auf Ihren Aktivitäten und Routinen anbieten. Sobald es aktiviert ist,

können Sie Fragen stellen,
Smart-Home-Geräte steuern,
Erinnerungen einrichten und
Informationen über Sprachbefehle
erhalten.

Sobald der Synchronisierungsvorgang
abgeschlossen ist, fühlt sich Ihr neues
Android-Telefon vertraut an und ist mit Ihren
vorherigen Daten, Apps und persönlichen
Einstellungen geladen. Dies ist eine der Stärken
von Android: Die nahtlose Integration in das
Google-Ökosystem stellt sicher, dass Ihre
Informationen geräteübergreifend mit Ihnen
übertragen werden.

Kapitel 3: Navigieren auf der Android-Oberfläche

Die Navigation durch die Benutzeroberfläche Ihres neuen Android-Telefons ist der Schlüssel zur Entfaltung seines vollen Potenzials. Android ist für seine Flexibilität bekannt und bietet eine hochgradig anpassbare und benutzerfreundliche Oberfläche, die einer Vielzahl persönlicher Vorlieben gerecht wird. In diesem Kapitel befassen wir uns mit den Grundlagen der Android-Benutzeroberfläche und konzentrieren uns dabei auf Schlüsselkomponenten wie den Startbildschirm, die App-Schublade und die Benachrichtigungsleiste, die zusammen die

Grundlage dafür bilden, wie Sie mit Ihrem Gerät interagieren.

Den Startbildschirm und die Layouts verstehen

Der **Startbildschirm** ist der zentrale Hub Ihres Android-Telefons. Es ist das Erste, was Sie sehen, wenn Sie Ihr Gerät entsperren, und dient als Ausgangspunkt für den Zugriff auf Apps, Widgets und Verknüpfungen. Es ist hochgradig anpassbar und ermöglicht es Ihnen, Apps und Widgets so anzuordnen, dass sie Ihren Anforderungen am besten entsprechen.

1. **Layout des Startbildschirms**: Das Layout Ihres Startbildschirms besteht aus mehreren Feldern, durch die Sie horizontal wischen können. In jedem Bereich können Apps, Ordner, Widgets und Verknüpfungen untergebracht werden. Am unteren Rand des Startbildschirms bemerken Sie ein statisches Rauschen **Dock** Hier finden Sie normalerweise Ihre am häufigsten verwendeten Apps, z. B

Telefon, **Nachrichten**, **Browser**, Und **Kamera** Apps. Dieses Dock bleibt dasselbe, während Sie zwischen den Startbildschirmfeldern wechseln, und bietet schnellen Zugriff auf Ihre wichtigen Apps.

2. **App-Symbole und Verknüpfungen**: Auf dem Startbildschirm können Sie platzieren **App-Symbole** Und **Abkürzungen** um schnell auf Ihre bevorzugten oder am häufigsten verwendeten Apps zuzugreifen. Sie können ganz einfach eine App hinzufügen, indem Sie die öffnen **App-Schublade**, halten Sie die gewünschte App gedrückt und ziehen Sie sie an die gewünschte Position auf dem Startbildschirm. Mit Verknüpfungen können Sie direkt auf bestimmte App-Funktionen zugreifen, z. B. eine neue E-Mail verfassen oder einen bestimmten Kontakt in der Telefon-App öffnen.

3. **Widgets**: Widgets sind interaktive Elemente, die Informationen anzeigen und einige Funktionen ermöglichen, ohne die

vollständige App zu öffnen. Zum Beispiel ein **Wetter-Widget** kann Ihnen Wetteraktualisierungen in Echtzeit anzeigen, oder a **Musik-Widget** können Sie die Wiedergabe vom Startbildschirm aus steuern. Sie können Widgets hinzufügen, indem Sie lange auf einen leeren Bereich des Startbildschirms drücken und „Widgets" aus dem Menü auswählen. Wählen Sie dort das Widget aus, das Sie hinzufügen möchten, und platzieren Sie es auf dem Startbildschirm.

4. **Anpassen des Startbildschirms**: Der Startbildschirm von Android ist hochgradig anpassbar. Sie können App-Symbole und Widgets neu anordnen, Ordner erstellen, um ähnliche Apps zu gruppieren, und sogar die Anzahl der Zeilen und Spalten ändern, um mehr Apps auf einem einzigen Bedienfeld unterzubringen. Durch langes Drücken auf einen leeren Bereich des Startbildschirms erhalten Sie Zugriff auf zusätzliche Anpassungsoptionen, z. B. das Ändern der

Tapete, Anpassen der **Rastergröße**, und Hinzufügen **Übergangseffekte** beim Wischen zwischen Startbildschirmen.

5. **Ordner**: Durch die Organisation Ihrer Apps in Ordnern bleibt Ihr Startbildschirm übersichtlich und zugänglich. Um einen Ordner zu erstellen, ziehen Sie ein App-Symbol über ein anderes und Android gruppiert sie automatisch in einem Ordner. Sie können den Ordner umbenennen, indem Sie auf das Namensfeld tippen und einen neuen Namen eingeben. Dies ist besonders nützlich, um ähnliche Apps, wie alle Ihre sozialen Medien oder Produktivitätstools, an einem Ort zu gruppieren und so einen einfachen Zugriff zu ermöglichen.

6. **Gesten vs. Tasten**: Viele moderne Android-Telefone bieten ein gestenbasiertes Navigationssystem, das das herkömmliche ersetzt **Navigationstasten** (Zurück, Startseite und Letzte Apps). Wenn Sie vom unteren Bildschirmrand nach oben wischen,

gelangen Sie zum Startbildschirm. Wenn
Sie nach oben wischen und gedrückt
halten, wird das Menü „Letzte Apps"
geöffnet, und wenn Sie vom linken oder
rechten Bildschirmrand wischen, fungiert
dies als Zurück-Taste. Wenn Sie
herkömmliche Navigationsschaltflächen
bevorzugen, können Sie in den
Einstellungen unten wieder zu diesen
wechseln **Systemnavigation.**

Entdecken Sie die App-Schublade

Während Sie auf dem Startbildschirm Ihre
wichtigsten Apps und Widgets aufbewahren, ist
der **App-Schublade** Hier leben alle Ihre
installierten Apps. Im Gegensatz zu iPhones, bei
denen sich alle Apps auf dem Startbildschirm
befinden, behält Android die App-Schublade als
separaten Bereich für den Zugriff auf alle Apps,
die sich nicht direkt auf Ihrem Startbildschirm
befinden.

1. **Öffnen der App-Schublade**: Auf den
   meisten Android-Telefonen können Sie

auf die App-Schublade zugreifen, indem Sie vom unteren Rand des Startbildschirms nach oben wischen oder auf ein kleines Symbol tippen **Symbol für die App-Schublade** das sieht aus wie ein Raster aus Punkten. In der App-Schublade werden alle installierten Apps in alphabetischer Reihenfolge angezeigt. Sie können durch die Liste scrollen oder die Suchleiste oben verwenden, um schnell eine bestimmte App zu finden.

2. **Apps verwalten**: Der App-Drawer ermöglicht nicht so viele Anpassungen wie der Startbildschirm, aber Sie können dennoch einige organisatorische Schritte unternehmen. Bei einigen Android-Launchern können Sie App-Ordner in der App-Schublade erstellen oder Apps nach Häufigkeit der Nutzung sortieren. Sie können Apps auch direkt aus der App-Schublade deinstallieren, indem Sie ein App-Symbol gedrückt halten und es dann in die Schublade ziehen **Deinstallieren** Option,

die oben auf dem Bildschirm angezeigt
wird.

3. **App-Suche**: Oben in der App-Schublade
befindet sich ein **Suchleiste** So können
Sie jede App schnell finden. Diese
Funktion ist besonders nützlich, wenn auf
Ihrem Telefon viele Apps installiert sind.
Während Sie tippen, schlägt Android
passende Apps vor, sodass Sie Zeit beim
Scrollen durch lange Listen sparen.

4. **App-Vorschläge**: Einige
Android-Versionen und benutzerdefinierte
Launcher bieten eine **App-Vorschlag**
Funktion oben in der App-Schublade.
Basierend auf Ihrem Nutzungsverhalten
schlägt Android automatisch Apps vor,
von denen es annimmt, dass Sie sie
wahrscheinlich als Nächstes verwenden
werden, und ermöglicht so einen schnellen
Zugriff auf diese Apps, ohne dass Sie
scrollen oder suchen müssen.

5. **Apps ausblenden**: Wenn Sie bestimmte
Apps privat halten oder einfach die
Unordnung reduzieren möchten, können

Sie dies bei einigen Android-Telefonen und Launchern von Drittanbietern tun **Apps ausblenden** aus der App-Schublade. Versteckte Apps werden in der App-Schublade nicht angezeigt, bleiben aber auf Ihrem Telefon installiert. Sie können sie weiterhin öffnen, indem Sie nach Namen suchen oder sie zum Startbildschirm hinzufügen.

Grundlagen zu Benachrichtigungen und Statusleiste

Der **Benachrichtigungsleiste** Und **Statusleiste** sind wesentliche Bestandteile der Android-Benutzeroberfläche. Sie bieten schnellen Zugriff auf wichtige Informationen und ermöglichen die Verwaltung von Benachrichtigungen verschiedener Apps.

1. **Die Statusleiste verstehen**: Ganz oben auf Ihrem Bildschirm sehen Sie das **Statusleiste**, das wichtige Informationen wie Uhrzeit, Akkuladestand,

WLAN-Signalstärke und Mobilfunknetzverbindung anzeigt. Diese Leiste bleibt unabhängig davon, in welcher App Sie sich befinden, sichtbar und bietet auf einen Blick Einblick in den Status Ihres Telefons. Sie können vom oberen Bildschirmrand aus tippen oder nach unten wischen, um detailliertere Informationen anzuzeigen **Schnelleinstellungen** Panel.

2. **Der Benachrichtigungsschirm**: Der **Benachrichtigungsschatten** Hier sammelt Android alle Ihre App-Benachrichtigungen. Um darauf zuzugreifen, wischen Sie vom oberen Bildschirmrand nach unten. Hier sehen Sie Benachrichtigungen für eingehende Nachrichten, E-Mails, Social-Media-Updates und andere Benachrichtigungen. Benachrichtigungen sind nach Zeit sortiert, wobei die aktuellsten oben angezeigt werden. Sie können mit vielen Benachrichtigungen direkt über den Benachrichtigungsschirm

interagieren, indem Sie darauf tippen, um die entsprechende App zu öffnen, oder sie wegwischen, um sie zu schließen.

3. **Benachrichtigungen verwalten**: Android bietet Ihnen leistungsstarke Tools zum Verwalten Ihrer Benachrichtigungen. Durch langes Drücken auf eine Benachrichtigung können Sie die anpassen **Benachrichtigungseinstellungen** Wählen Sie für diese App aus, ob Sie sie erhalten möchten **Stille Benachrichtigungen**, **Warnmeldungen**, oder überhaupt keine Benachrichtigungen. Sie können Benachrichtigungen einer bestimmten App auch gruppieren oder Prioritätsstufen festlegen, um sicherzustellen, dass die wichtigsten Benachrichtigungen zuerst Ihre Aufmerksamkeit erhalten.

4. **Schnelleinstellungsfeld**: Wenn Sie vom oberen Bildschirmrand nach unten wischen, werden nicht nur Ihre Benachrichtigungen angezeigt, sondern auch die geöffnet

Schnelleinstellungsfeld. Über dieses Bedienfeld haben Sie sofortigen Zugriff auf wichtige Steuerelemente wie z **W-lan**, **Bluetooth**, **Bitte nicht stören**, **Flugzeugmodus**, Und **Bildschirmhelligkeit**. Sie können anpassen, welche Verknüpfungen im Schnelleinstellungsfeld angezeigt werden, indem Sie auf tippen **bearbeiten** Schaltfläche, sodass Sie es an Ihre Bedürfnisse anpassen können.

5. **Nicht stören-Modus**: Manchmal möchten Sie möglicherweise alle Benachrichtigungen stummschalten, ohne Ihr Telefon vollständig auszuschalten. **Bitte nicht stören (DND)** Im Modus können Sie alle eingehenden Benachrichtigungen, Anrufe und Alarme für einen bestimmten Zeitraum oder bis Sie sie manuell deaktivieren, blockieren. Sie können die DND-Einstellungen anpassen, um bestimmten Kontakten das Durchbrechen zu ermöglichen, oder Regeln festlegen, wann der Modus

aktiviert werden soll, beispielsweise
während Besprechungen oder nachts.

6. **Benachrichtigungsabzeichen**: Viele
Android-Telefone werden angezeigt
Benachrichtigungsabzeichen (kleine
Punkte oder Zahlen) auf App-Symbolen,
um ungelesene Benachrichtigungen
anzuzeigen. Diese Abzeichen dienen als
visuelle Erinnerung daran, dass Sie
Nachrichten, E-Mails oder andere
Benachrichtigungen in bestimmten Apps
verpasst haben. Sie können
Benachrichtigungs-Badges in den
Einstellungen deaktivieren, wenn Sie
diese nicht sehen möchten.

Kapitel 4: Wichtige Android-Apps

Einer der Hauptvorteile der Verwendung eines Android-Telefons ist die große Auswahl an Apps zur Verbesserung der Produktivität, Unterhaltung, Kommunikation und mehr. Wenn Sie wissen, welche Apps wichtig sind und wie Sie sie verwalten, können Sie das volle Potenzial Ihres Android-Geräts ausschöpfen.

Google Apps, die Sie kennen müssen

Da Android von Google entwickelt wird, sind viele wichtige Apps, die auf Ihrem Telefon vorinstalliert sind, Teil des Google-Ökosystems. Diese Apps sind in Ihr Google-Konto integriert und ermöglichen eine nahtlose Synchronisierung Ihrer Daten auf allen Geräten.

1. **Google Chrome**: **Google Chrome** ist der Standard-Webbrowser auf Android und bietet schnelles, sicheres Surfen mit Synchronisierung auf allen Ihren Geräten. Wenn Sie sich bei Ihrem Google-Konto anmelden, synchronisiert Chrome Ihre Lesezeichen, Ihren Browserverlauf, gespeicherte Passwörter und geöffnete Tabs, sodass Sie das Surfen dort fortsetzen können, wo Sie aufgehört haben, sei es auf Ihrem Telefon oder einem anderen Gerät, auf dem Sie angemeldet sind. Chrome umfasst auch nützliche Funktionen wie Sprachsuche, Inkognito-Modus und integrierte Google-Suche.

2. **Google Maps**: **Google Maps** ist ein unverzichtbares Navigationstool, das detaillierte Wegbeschreibungen, Echtzeit-Verkehrsinformationen, Routen für öffentliche Verkehrsmittel und

Wegbeschreibungen zu Fuß bereitstellt.
Zusätzlich zur Navigation zu bestimmten
Orten hilft Ihnen Google Maps dabei,
nahegelegene Restaurants, Tankstellen,
Hotels und mehr zu finden. Es ist
außerdem mit Street View ausgestattet,
sodass Sie bereits vor Ihrer Ankunft einen
virtuellen Blick auf Ihr Ziel werfen
können.

3. **Google Mail**: **Google Mail** ist der
   E-Mail-Dienst von Google und auf allen
   Android-Telefonen vorinstalliert. Gmail
   bietet leistungsstarke Funktionen wie
   Thread-Konversationen, priorisierten
   Posteingang und umfangreiche
   Suchfunktionen. Es lässt sich außerdem
   nahtlos in andere Google-Apps wie
   Kalender, Drive und Kontakte integrieren
   und ist somit die Zentrale für die
   Verwaltung Ihrer Kommunikation. Sie
   können mehrere E-Mail-Konten
   hinzufügen (einschließlich
   Nicht-Gmail-Adressen) und sie alle in der
   Gmail-App anzeigen.

4. **Google Drive**: **Google Drive** ist ein Cloud-Speicherdienst, mit dem Sie Dateien, Dokumente, Fotos und Videos geräteübergreifend speichern, darauf zugreifen und teilen können. Wenn Sie Ihr Google-Konto synchronisieren, sichert Drive automatisch Ihre wichtigen Dateien und macht sie auf jedem Gerät zugänglich, auf dem Sie angemeldet sind. Drive lässt sich auch integrieren **Google Docs**, **Blätter**, Und **Folien**, sodass Sie unterwegs Dokumente, Tabellenkalkulationen und Präsentationen erstellen und bearbeiten können.

5. **Google Fotos**: **Google Fotos** ist eine unverzichtbare App zum Verwalten und Sichern Ihrer Fotos und Videos. Durch die Synchronisierung Ihrer Fotos mit Ihrem Google-Konto können Sie von jedem Gerät aus auf Ihre gesamte Fotobibliothek zugreifen. Google Fotos bietet leistungsstarke Suchfunktionen und organisiert Ihre Fotos automatisch nach Personen, Orten und Dingen. Es bietet

außerdem Bearbeitungswerkzeuge und die Möglichkeit, Alben, Filme und Collagen zu erstellen.

6. **YouTube**: **YouTube**, die weltweit größte Video-Sharing-Plattform, ist auf Android-Telefonen vorinstalliert. Egal, ob Sie nach Bildungsinhalten, Unterhaltung oder Musik suchen, YouTube bietet eine große Auswahl an Videos. Mit einem Google-Konto können Sie Kanäle abonnieren, Playlists erstellen und sogar Ihre eigenen Inhalte hochladen. Der Algorithmus von YouTube bietet außerdem personalisierte Empfehlungen basierend auf Ihren Sehgewohnheiten.

7. **Google Assistant**: **Google Assistant** ist Ihr persönlicher KI-Helfer, der mithilfe von Sprachbefehlen Aufgaben ausführen, Fragen beantworten und intelligente Geräte steuern kann. Sie können es auffordern, Textnachrichten zu senden, Musik abzuspielen, Erinnerungen einzurichten, das Wetter zu überprüfen oder Informationen nachzuschlagen. Mit

der Zeit lernt Google Assistant Ihre
Gewohnheiten und Vorlieben kennen und
wird so bei Ihren täglichen Aufgaben
hilfreicher.

8. **Google Kalender**: **Google Kalender** hilft
Ihnen bei der Verwaltung Ihres Zeitplans,
indem es Termine, Besprechungen und
Ereignisse auf Ihren Geräten
synchronisiert. Sie können Erinnerungen
einrichten, andere zu Veranstaltungen
einladen und Ihren Tages-, Wochen- oder
Monatsplan auf einen Blick anzeigen. Die
App lässt sich auch in Gmail integrieren,
sodass in E-Mails erwähnte Ereignisse (z.
B. Flugreservierungen oder
Restaurantbuchungen) automatisch zu
Ihrem Kalender hinzugefügt werden
können.

9. **Google Keep**: **Google Keep** ist eine
Notizen-App, mit der Sie schnell
Gedanken, Aufgabenlisten oder Ideen
festhalten können. Sie können Ihren
Notizen Erinnerungen hinzufügen, sie zur
Organisation beschriften und farblich

kennzeichnen und sogar Notizen für die Zusammenarbeit mit anderen teilen. Alle Ihre Notizen werden automatisch mit Ihrem Google-Konto synchronisiert und können von jedem Gerät aus abgerufen werden.

Herunterladen und Verwalten von Apps aus dem Google Play Store

Der **Google Play Store** ist Ihr One-Stop-Shop zum Herunterladen von Apps, Spielen, Filmen, Büchern und mehr. Mit Millionen verfügbarer Apps finden Sie Tools für Produktivität, Kreativität, Unterhaltung, Bildung und nahezu jedes erdenkliche Interesse.

1. **So laden Sie Apps aus dem Google Play Store herunter**: So laden Sie eine App herunter:
   o Öffnen Sie die **Google Play Store** App.
   o Benutzen Sie die **Suchleiste** oben, um eine bestimmte App zu finden,

oder durchsuchen Sie Kategorien wie **Top-Charts, Neu**, oder **Empfohlen**.

- o Wenn Sie die gewünschte App gefunden haben, tippen Sie darauf, um die Seite der App zu öffnen.
- o Tippen Sie auf **Installieren** Taste. Wenn die App kostenpflichtig ist, müssen Sie den Anweisungen auf dem Bildschirm folgen, um den Kauf abzuschließen.

2. **App-Kategorien**: Der Google Play Store organisiert Apps in mehreren Kategorien, damit Sie leichter finden, was Sie brauchen. Zu den Kategorien gehören:
   - o **Produktivität**: Für Apps wie Notizen, Projektmanagement und Kalender.
   - o **Sozial**: Für soziale Medien und Messaging-Apps.
   - o **Spiele**: Deckt alles ab, von Gelegenheitsspielen bis hin zu komplexen Rollenspielen.

- ○ **Gesundheit und Fitness**: Für Fitness-Tracking, Workouts und Wellness-Apps.
- ○ **Ausbildung**: Für Lernwerkzeuge und Lernspiele.
3. **Verwalten installierter Apps**: Nach dem Herunterladen von Apps trägt eine effektive Verwaltung dazu bei, dass Ihr Gerät organisiert und leistungsoptimiert bleibt. Du kannst:
   - ○ **Apps deinstallieren**: Wenn eine App nicht mehr benötigt wird, wird durch die Deinstallation Speicherplatz frei. Gehe zu **Einstellungen** > **Apps** oder drücken Sie lange auf das App-Symbol auf Ihrem Startbildschirm und wählen Sie dann aus **Deinstallieren**.
   - ○ **Apps aktualisieren**: Die Aktualisierung von Apps ist für Sicherheit und Funktionalität von entscheidender Bedeutung. Sie können Apps im Play Store so

einstellen, dass sie automatisch aktualisiert werden, oder sie manuell aktualisieren, indem Sie auf klicken **Meine Apps und Spiele** im Play Store.

○ **Cache und Daten löschen**: Wenn eine App verzögert ist oder nicht richtig funktioniert, können Sie sie löschen **Cache** oder **Daten** in den App-Einstellungen. Dies kann helfen, Probleme zu lösen, ohne dass die App neu installiert werden muss.

4. **App-Speicher verwalten**: Apps können erheblichen Speicherplatz auf Ihrem Telefon beanspruchen, insbesondere wenn sie große Datenmengen speichern. Im **Lagerung** Im Abschnitt „Einstellungen" können Sie sehen, welche Apps den meisten Speicherplatz beanspruchen. Erwägen Sie bei großen Apps, sie auf eine externe SD-Karte zu verschieben, sofern Ihr Gerät eine solche unterstützt.

5. **Kindersicherung**: Wenn Ihr Telefon von
   Kindern oder Jugendlichen genutzt wird,
   bietet der Play Store Angebote an
   Kindersicherung um den Zugriff auf
   bestimmte Arten von Inhalten
   einzuschränken. In den Play
   Store-Einstellungen können Sie
   altersgerechte Inhaltsfilter festlegen und
   Käufe oder Downloads einschränken.

Anpassen App-Berechtigungen

App-Berechtigungen steuern, welchen Zugriff
Apps auf die Hardware und Daten Ihres Telefons
haben. Durch die Erteilung der richtigen
Berechtigungen wird sichergestellt, dass Apps
ordnungsgemäß funktionieren. Übermäßige
Berechtigungen für Apps können jedoch Ihre
Privatsphäre oder Sicherheit gefährden. Mit
Android haben Sie die Kontrolle darüber, auf
welche Apps Sie zugreifen können, von Ihrer
Kamera und Ihrem Mikrofon bis hin zu Ihren
Kontakten und Ihrem Standort.

1. **Berechtigungen verstehen**: Wenn Sie eine App installieren, werden Sie möglicherweise nach verschiedenen Berechtigungen gefragt. Beispielsweise könnte eine Messaging-App um Zugriff auf Ihr Konto bitten **Kontakte**, **Mikrofon**, Und **Kamera**, während eine Fitness-App möglicherweise eine Anfrage stellt **Standort** Zugriff, um Ihre Läufe zu verfolgen. Achten Sie immer auf Berechtigungsanfragen und erteilen Sie nur das, was für die Funktion der App erforderlich ist.

2. **Verwalten von Berechtigungen für installierte Apps**: Sie können die Berechtigungen für jede App nach der Installation anzeigen und ändern. Gehen Sie dazu wie folgt vor:
   - Gehe zu **Einstellungen** > **Apps** > Wählen Sie die App aus > **Berechtigungen**.
   - Hier können Sie sehen, welche Berechtigungen die App hat, und diese ein- oder ausschalten.

Beispielsweise möchten Sie möglicherweise den Standortzugriff auf eine Wetter-App verweigern, wenn Sie Ihren Standort lieber manuell eingeben möchten.

3. **Sensible Berechtigungen**: Bestimmte Berechtigungen, z. B. Zugriff auf Ihre **Kamera**, **Mikrofon**, **Standort**, oder **Kontakte**, sollte mit Vorsicht gewährt werden. Diese Berechtigungen können auf personenbezogene Daten zugreifen. Daher ist es wichtig, sicherzustellen, dass Sie der App vertrauen, bevor Sie sie aktivieren. Wenn eine App Zugriff auf Funktionen anfordert, die sie nicht benötigt (z. B. eine Taschenrechner-App, die um Zugriff auf das Mikrofon bittet), ist das ein Warnsignal.

4. **App-spezifische Datenschutzeinstellungen**: Viele Apps, insbesondere solche im Zusammenhang mit sozialen Medien und Kommunikation, bieten zusätzliche Möglichkeiten **Datenschutzeinstellungen** innerhalb der

App selbst. Sie können beispielsweise auswählen, wer Ihre Informationen, Beiträge oder Ihren Standort in sozialen Apps wie Facebook, Twitter oder WhatsApp sehen kann. Nehmen Sie sich immer die Zeit, die Datenschutzoptionen einer App zu erkunden und anzupassen, wie viele persönliche Daten weitergegeben werden.

5. **Berechtigungen widerrufen**: Wenn Sie versehentlich eine Berechtigung erteilen oder nicht mehr möchten, dass eine App Zugriff hat, können Sie diese jederzeit in den Einstellungen widerrufen. Navigieren Sie einfach in den Einstellungen zu den Berechtigungen der App und schalten Sie die Berechtigung aus. Durch das Widerrufen unnötiger Berechtigungen können Sie Ihre Daten schützen und die Akkulaufzeit verlängern, indem Sie die Hintergrundaktivität reduzieren.

Kapitel 5: Anpassen Ihres Android-Erlebnisses

Eines der herausragenden Merkmale des Android-Betriebssystems ist seine außergewöhnliche Flexibilität, die es Benutzern ermöglicht, nahezu jeden Aspekt ihres Erlebnisses individuell anzupassen. Von der Änderung von Hintergrundbildern und Designs über die Anpassung von Benachrichtigungstönen bis hin zur Verwendung von Launchern von Drittanbietern können Sie Ihr Android-Telefon wirklich an Ihren Stil, Ihre Vorlieben und Bedürfnisse anpassen.

Festlegen von Hintergrundbildern, Themen und Widgets

Anpassen Ihr Android-Startbildschirm und Sperrbildschirm mit Hintergrundbildern, Themen und Widgets ist eine der einfachsten Möglichkeiten, Ihrem Telefon einen persönlichen Touch zu verleihen. Diese visuellen Elemente sind mehr als nur Ästhetik; Sie verbessern Ihr Erlebnis, indem sie wichtige Informationen auf einen Blick bereitstellen und die Navigation reibungsloser gestalten.

1. **Hintergrundbilder festlegen**: Ihr Hintergrundbild dient als Hintergrundbild für Ihren Startbildschirm und Sperrbildschirm. Das Ändern Ihres Hintergrundbilds ist ganz einfach:

   ○ **Drücken Sie lange auf den Startbildschirm**: Tippen und halten Sie eine beliebige leere Stelle auf dem Startbildschirm, bis ein Anpassungsmenü angezeigt wird.

○ **Wählen Sie „Hintergrundbilder":**
Dadurch wird eine Auswahl an
Standardhintergründen auf Ihrem
Telefon geöffnet oder Sie können
aus Ihrer Fotogalerie auswählen.

○ **Live-Hintergründe:** Sie können
auch animiert oder wählen
Live-Hintergründe die auf
Berührung oder Bewegung
reagieren, allerdings kann sich
dadurch die Akkulaufzeit schneller
entladen.

○ **Benutzerdefinierte Fotos:** Wenn
Sie eine persönliche Note
bevorzugen, können Sie ein Foto
aus Ihrer Galerie als
Hintergrundbild festlegen. Stellen
Sie für optimale Klarheit sicher,
dass die Auflösung mit der
Bildschirmgröße Ihres Telefons
übereinstimmt.

○ **Startbildschirm vs.**
Sperrbildschirm: Sie können
separate Hintergrundbilder für den

Startbildschirm und den
Sperrbildschirm festlegen, um
jedem ein eigenes Aussehen zu
verleihen.

2. **Anwenden von Themen**: Mit Android
können Sie mehr als nur das
Hintergrundbild ändern, indem Sie
vollständige Designs anwenden, die
Symbole, Schriftarten, Farben und sogar
die Benutzeroberfläche des Systems
ändern. Einige Hersteller, wie Samsung
und Xiaomi, bieten integrierte Funktionen
an **Themengeschäfte** Hier können Sie
sowohl kostenlose als auch
kostenpflichtige Themes herunterladen.

   ○ **So wenden Sie ein Thema an**:
   Abhängig von Ihrem Telefonmodell
   finden Sie den Theme-Store unten
   Einstellungen > **Themen** oder über
   den App-Launcher Ihres Telefons.
   Durchsuchen Sie die verfügbaren
   Optionen und wählen Sie ein
   Thema aus, das Sie anspricht. Nach
   der Anwendung können Ihr

Startbildschirm, die App-Symbole
und sogar das Einstellungsmenü ihr
Aussehen ändern.

○ **Themes von Drittanbietern**: Wenn
Ihr Telefon keine integrierten
Designs unterstützt, können Apps
von Drittanbietern wie z **Zedge**
Und **Icon Pack Studio** bieten
alternative Möglichkeiten zur
Installation benutzerdefinierter
Symbole und Designs.

3. **Widgets hinzufügen und verwenden**:
Widgets sind eine der nützlichsten
Funktionen von Android und bieten
interaktive Live-Informationen direkt auf
Ihrem Startbildschirm. Zu den gängigen
Widgets gehören Wetteraktualisierungen,
Uhren, Kalender und Musikplayer.

○ **So fügen Sie ein Widget hinzu**:
Drücken Sie lange auf eine leere
Stelle auf Ihrem Startbildschirm
und wählen Sie dann aus **Widgets**
aus dem Menü. Durchsuchen Sie
die verfügbaren Widgets

installierter Apps und ziehen Sie das ausgewählte Widget an die gewünschte Stelle auf Ihrem Startbildschirm.

- o **Anpassen von Widgets**: Viele Widgets ermöglichen weitere Anpassungen, z. B. eine Größenänderung oder eine Änderung der angezeigten Informationen. Beispielsweise kann ein Wetter-Widget angepasst werden, um Vorhersagen für einen bestimmten Standort oder erweiterte Vorhersagen anzuzeigen.

- o **Interaktive Widgets**: Einige Widgets sind interaktiv, sodass Sie Aktionen direkt vom Startbildschirm aus ausführen können. Sie können beispielsweise Ihre Musik steuern, Aufgaben überprüfen oder Notizen hinzufügen, ohne die vollständige App öffnen zu müssen.

Verwenden von Launcher-Apps zur Personalisierung

Wenn Sie die Anpassung noch weiter vorantreiben möchten, **Launcher-Apps** sind der richtige Weg. Ein Launcher ist die Schnittstelle, die Ihre Startbildschirme, App-Schublade und andere Navigationselemente verwaltet. Während alle Android-Telefone über einen Standard-Launcher verfügen, bieten Launcher-Apps von Drittanbietern mehr Anpassungsoptionen, sodass Sie alles von der Symbolgröße bis zur Gestensteuerung ändern können.

1. **Was ist ein Launcher?**: Ein Launcher ist die App, die das Aussehen und Verhalten Ihres Startbildschirms steuert. Es bestimmt das Layout Ihrer App-Symbole, Widgets und Navigation und bietet außerdem Verknüpfungen und Gesten für eine einfachere Verwendung. Die Flexibilität von Android bedeutet, dass Sie nicht auf den Standard-Launcher

beschränkt sind – im Play Store sind viele alternative Launcher-Apps verfügbar.

2. **Beliebte Launcher von Drittanbietern**: Mehrere Launcher sind wegen ihrer umfangreichen Anpassungsmöglichkeiten beliebt:

   ○ **Nova Launcher**: Nova Launcher ist bekannt für sein Gleichgewicht zwischen Anpassung und Leistung und ermöglicht Benutzern das Ändern von Symbolen, Animationen und Layouts. Es unterstützt auch Gesten, benutzerdefinierte Docks und den Nachtmodus.

   ○ **Microsoft Launcher**: Dieser Launcher ist in Microsoft-Dienste integriert und eignet sich ideal für die Produktivität. Es bietet eine übersichtliche Benutzeroberfläche, schnellen Zugriff auf Kalenderereignisse, Aufgaben und anpassbare Startbildschirmelemente.

○ **Aktionsstarter**: Dieser Launcher konzentriert sich auf Geschwindigkeit und Effizienz mit Funktionen wie **schnelles Thema** (was dem Thema Ihres Hintergrundbilds entspricht) und **Abdeckungen**, eine einzigartige Funktion, die sowohl als Ordner als auch als Verknüpfung fungiert.

3. **Anpassen mit einem Launcher**: Mit einem Launcher können Sie fast jedes Element der Benutzeroberfläche Ihres Telefons steuern.

○ **Ändern von Symbolen**: Sie können Symbolpakete aus dem Play Store herunterladen und auf Ihren Launcher anwenden. Dies kann Ihrem Startbildschirm ein zusammenhängendes, einheitliches Aussehen verleihen oder ein unterhaltsames, vielseitiges Design schaffen.

○ **Gesten**: Bei vielen Launchern können Sie Gesten anpassen, z. B.

nach unten wischen, um
Benachrichtigungen zu öffnen,
doppeltippen, um den Bildschirm
zu sperren, oder nach oben wischen,
um auf Apps zuzugreifen.

○ **Layoutanpassung**: Mit einem
Launcher eines Drittanbieters
können Sie die Rastergröße (die
Anzahl der Symbole pro Zeile)
ändern, Apps aus der
App-Schublade ausblenden oder
benutzerdefinierte Ordner erstellen,
um Apps effektiver zu organisieren.

○ **Sichern und Wiederherstellen**:
Mit einigen Launchern wie Nova
Launcher können Sie das Layout
Ihres Startbildschirms speichern
und später wiederherstellen. Dies ist
nützlich, wenn Sie das Gerät
wechseln oder Ihr Telefon
zurücksetzen.

Anpassen von Tönen, Vibrationen und Benachrichtigungen

Bei einem personalisierten Android-Erlebnis geht es nicht nur um visuelle Elemente – auch Töne, Vibrationen und Benachrichtigungen spielen eine große Rolle dabei, Ihr Telefon einzigartig zu machen. Durch die Anpassung dieser Einstellungen können Sie steuern, wie und wann Ihr Telefon Sie benachrichtigt, und so sicherstellen, dass es Ihrem Lebensstil und Ihren Vorlieben entspricht.

1. **Anpassen von Sounds und Klingeltönen**: Das Klangprofil Ihres Telefons bestimmt, wie es sich bei Anrufen, Nachrichten und App-Benachrichtigungen verhält. Das Anpassen dieser Einstellungen ist wichtig, um sicherzustellen, dass Sie keine wichtigen Benachrichtigungen verpassen und um das Telefonerlebnis angenehm zu gestalten.

○ **Klingeltöne ändern**: Sie können den Klingelton für eingehende Anrufe ändern, indem Sie auf gehen **Einstellungen > Klang > Telefonklingelton**. Von hier aus können Sie aus den Standardklingeltönen auswählen oder einen benutzerdefinierten Sound aus Ihrer Musikbibliothek auswählen.

○ **Benutzerdefinierte Benachrichtigungstöne**: Ebenso können Sie spezifische Benachrichtigungstöne für Nachrichten, E-Mails und Apps festlegen. Gehe zu **Einstellungen > Klang > Standard-Benachrichtigungston** um einen allgemeinen Ton für alle Benachrichtigungen festzulegen. Bei einigen Apps können Sie in den individuellen Einstellungen auch einzigartige Töne für Benachrichtigungen festlegen.

○ **Lautstärkeeinstellungen**: Durch Anpassen der Lautstärke können Sie steuern, wie laut oder leise Benachrichtigungen, Alarme, Medien und Klingeltöne sind. Sie können diese anpassen **Einstellungen** > **Klang** oder indem Sie die Lautstärketasten an der Seite Ihres Telefons verwenden.

2. **Vibrationen und haptisches Feedback**: Mit den Vibrationseinstellungen können Sie anpassen, wie Ihr Telefon Sie durch Berührungsfeedback benachrichtigt. Android-Telefone bieten unterschiedliche Vibrationsintensitäten für Benachrichtigungen und Anrufe, und Sie können diese Einstellungen je nach Ihren Vorlieben anpassen oder deaktivieren.

○ **Vibration für Anrufe**: Gehe zu **Einstellungen** > **Klang** > **Vibration** um die Vibration bei eingehenden Anrufen ein-/auszuschalten. Sie können

zwischen starken, mittleren oder
leichten Vibrationen wählen.

○ **Haptisches Feedback**: Einige
Telefone erzeugen subtile
Vibrationen, wenn Sie auf
bestimmte Elemente tippen, z. B.
auf die Tastatur oder Tasten. Dies
ist bekannt als **haptisches
Feedback**. Sie können diese
Funktion in anpassen oder
deaktivieren **Einstellungen** >
Klang > **Haptisches Feedback**.

3. **Benachrichtigungen verwalten**: Android
gibt Ihnen detaillierte Kontrolle über das
Verhalten von Benachrichtigungen, von
visuellen Pop-ups bis hin zu Tönen und
Vibrationen.

○ **Benachrichtigungskanäle**: Mit den
Benachrichtigungskanälen von
Android können Sie
Benachrichtigungen auf App-Ebene
verwalten. Sie können entscheiden,
welche Arten von
Benachrichtigungen Sie von jeder

App wünschen. Sie können beispielsweise Social-Media-Benachrichtigungen stummschalten, aber wichtige Benachrichtigungen von Arbeits- oder Messaging-Apps zulassen. Um die Benachrichtigungseinstellungen anzupassen, gehen Sie zu **Einstellungen > Benachrichtigungen > App-Benachrichtigungen.**

○ **Nicht stören-Modus**: Wenn Sie Unterbrechungen begrenzen möchten, können Sie verwenden **Bitte nicht stören** Modus. Diese Einstellung blockiert Anrufe, Warnungen und Benachrichtigungen während einer bestimmten Zeit oder bei manueller Aktivierung. Sie können dies weiter anpassen, indem Sie bestimmten Kontakten oder Wiederholungsanrufern erlauben, den „Bitte nicht stören"-Block zu

umgehen. Das finden Sie hier
**Einstellungen > Klang > Bitte
nicht stören.**

   ○ **Benachrichtigungsabzeichen**: Auf
einigen Android-Telefonen werden
auf den App-Symbolen kleine
Abzeichen angezeigt, um auf
ungelesene Benachrichtigungen
hinzuweisen. Sie können diese im
aktivieren oder deaktivieren
**Einstellungen >
Benachrichtigungen** Speisekarte.

4. **Ruhige Stunden**: Ruhige Stunden (oder
Entspannungsmodus auf einigen
Telefonen) ist eine Funktion, die Ihre
Benachrichtigungseinstellungen zu
bestimmten Stunden, beispielsweise wenn
Sie schlafen, automatisch anpasst. Sie
können dies einstellen **Einstellungen >
Digitales Wohlbefinden und
Kindersicherung.**

Kapitel 6: Kontakte und Kommunikation verwalten

In der heutigen schnelllebigen digitalen Welt ist effektive Kommunikation unerlässlich. Durch die Verwaltung Ihrer Kontakte und die Beherrschung der verschiedenen auf Ihrem Android-Gerät verfügbaren Kommunikationsmethoden können Sie Ihre Interaktionen verbessern und sicherstellen, dass Sie mit Familie, Freunden und Kollegen in Verbindung bleiben.

Kontakte hinzufügen und synchronisieren

Ihre Kontaktliste ist die Grundlage Ihres Kommunikationserlebnisses auf Android. Wenn Sie dafür sorgen, dass alles auf allen Geräten organisiert, zugänglich und synchronisiert ist, können Sie Ihre Kommunikationsbemühungen optimieren.

1. **Kontakte hinzufügen**: Sie können Kontakte auf verschiedene Arten direkt zu Ihrem Android-Gerät hinzufügen:
   - **Verwenden der Kontakte-App**:
     - Öffnen Sie die **Kontakte** App (bzw **Menschen** App auf einigen Geräten).
     - Tippen Sie auf **Kontakt hinzufügen** Schaltfläche, oft dargestellt durch ein Pluszeichen (+).
     - Geben Sie die erforderlichen Details wie Name, Telefonnummer,

E-Mail-Adresse und
zusätzliche Informationen
wie eine physische Adresse
oder einen Geburtstag ein.

- Klopfen **Speichern** um den
  Kontakt zu speichern.

○ **Kontakte importieren**: Wenn Sie
Kontakte in einer anderen App oder
einer Datei gespeichert haben,
können Sie diese importieren:

- Öffnen Sie die **Kontakte**
  App und navigieren Sie zum
  Einstellungsmenü.
- Wählen **Import/Export** und
  wählen Sie die Quelle (z. B.
  SIM-Karte, Google-Konto
  oder eine CSV-Datei).
- Befolgen Sie die
  Anweisungen, um die
  Kontakte in Ihr Gerät zu
  importieren.

○ **Kontakte aus Anrufprotokollen
hinzufügen**: Wenn Sie einen Anruf
von jemandem erhalten haben, der

nicht zu Ihren Kontakten gehört,
können Sie ihn schnell hinzufügen:

- Öffnen Sie die **Telefon** App,
  gehen Sie zu **Letzte Anrufe**,
  und finden Sie die Nummer.
- Tippen Sie auf die Nummer
  und wählen Sie aus **Zu
  Kontakten hinzufügen**.
  Anschließend können Sie
  deren Daten hinzufügen und
  speichern.

2. **Kontakte synchronisieren**: Die
   Synchronisierung Ihrer Kontakte auf
   mehreren Geräten ist für eine reibungslose
   Kommunikation von entscheidender
   Bedeutung. Mit Android können Sie
   Kontakte mit verschiedenen Diensten
   synchronisieren, vor allem mit Google.
   - **Synchronisierung mit
     Google-Konto**:
     - Gehe zu **Einstellungen** >
       Konten > **Google** und
       wählen Sie Ihr Google-Konto
       aus.

- Stellen Sie sicher, dass die **Kontakte** Der Schalter ist eingeschaltet. Dadurch werden Ihre Kontakte auf allen Geräten synchronisiert, auf denen Sie in diesem Konto angemeldet sind.
  - **Synchronisierung mit anderen Konten**: Android unterstützt auch die Synchronisierung von Kontakten mit anderen Diensten wie Outlook, Exchange oder Samsung-Konten. Es gelten ähnliche Schritte:
    - Gehe zu **Einstellungen > Konten** und fügen Sie den gewünschten Kontotyp hinzu.
    - Aktivieren Sie die Kontaktsynchronisierung für dieses Konto.
  - **Verwalten der Synchronisierungseinstellungen**: Überprüfen Sie regelmäßig Ihre Synchronisierungseinstellungen,

um sicherzustellen, dass die Kontakte auf dem neuesten Stand sind. Navigieren Sie zu **Einstellungen** > **Konten**, wählen Sie das Konto aus und passen Sie die Synchronisierungshäufigkeit an oder führen Sie bei Bedarf eine manuelle Synchronisierung durch.

3. **Kontakte organisieren**: Wenn Ihre Kontaktliste wächst, wird die Organisation immer wichtiger. Sie können Kontakte gruppieren oder Beschriftungen hinzufügen, um die Navigation zu erleichtern.

   ○ **Kontaktgruppen erstellen**:
     - Im **Kontakte** Suchen Sie in der App nach einer Option zum Erstellen von Gruppen (oft in den Einstellungen oder im Menü zu finden).
     - Benennen Sie Ihre Gruppe (z. B. Familie, Arbeit, Freunde) und fügen Sie Kontakte hinzu.

○ **Verwenden von Etiketten**: Bei einigen Kontakt-Apps können Sie Kontakte zur besseren Organisation kennzeichnen, sodass Sie bei Bedarf einfacher filtern und bestimmte Gruppen finden können.

Anrufe und Voicemail-Einstellungen meistern

Die effektive Verwaltung von Anrufen auf Ihrem Android-Gerät kann Ihr Kommunikationserlebnis erheblich verbessern. Wenn Sie wissen, wie Sie Anrufeinstellungen konfigurieren und Voicemail verwalten, verpassen Sie keine wichtigen Nachrichten.

1. **Anrufe tätigen und entgegennehmen**: Die Telefon-App ist für die Verwaltung Ihrer Anrufe von zentraler Bedeutung.

    ○ **Eine Nummer wählen**: Öffnen Sie die **Telefon** App und geben Sie entweder die Nummer direkt auf der Tastatur ein oder wählen Sie

einen Kontakt aus Ihrer
Kontaktliste aus.

○ **Verwenden der Sprachwahl**:
Wenn Sie die Freisprechfunktion
bevorzugen, können Sie Google
Assistant verwenden. Sagen Sie
einfach „Hey Google, rufen Sie
[Name des Kontakts] an", um einen
Anruf einzuleiten.

○ **Anrufe entgegennehmen**: Wenn
ein Anruf eingeht, wird auf dem
Bildschirm eine Benachrichtigung
mit Optionen zum Annehmen oder
Ablehnen des Anrufs angezeigt.
Wenn Sie nach oben wischen,
können Sie auch eine kurze
Textantwort senden, wenn Sie nicht
sofort antworten können.

2. **Anrufeinstellungen verwalten**: Ihr
Android-Gerät bietet zahlreiche
Einstellungen zur individuellen
Gestaltung Ihres Anruferlebnisses.

○ **Anrufweiterleitung**: Wenn Sie Ihre
Anrufe an eine andere Nummer

umleiten möchten, gehen Sie zu
Telefon App, tippen Sie auf das
Dreipunkt-Menü oder das
Einstellungssymbol und suchen Sie
nach **Anrufweiterleitung**. Sie
können Bedingungen festlegen, z.
B. wann Sie beschäftigt sind oder
nicht antworten können.

○ **Anrufer-ID und Spam-Schutz**:
Um unerwünschte Anrufe zu
blockieren, können Sie die
Anrufer-ID und den Spam-Schutz
aktivieren, indem Sie zu navigieren
Einstellungen > **Anrufer-ID und
Spam**. Dadurch werden Sie
benachrichtigt, wenn es sich bei
einem eingehenden Anruf
wahrscheinlich um Spam handelt,
und können unerwünschte
Nummern blockieren.

○ **Bitte nicht stören**: Für
ununterbrochene Zeit aktivieren Sie
die **Bitte nicht stören** Modus. Gehe
zu **Einstellungen** > **Klang** > **Bitte**

nicht störenund passen Sie Ausnahmen für wichtige Anrufe oder Kontakte an.

3. **Voicemail-Einstellungen**: Voicemail ist ein entscheidender Aspekt der Kommunikation und ermöglicht es Anrufern, Nachrichten zu hinterlassen, wenn Sie nicht erreichbar sind.

   ○ **Voicemail einrichten**: Normalerweise werden Sie beim ersten Einrichten Ihres Telefons aufgefordert, Voicemail einzurichten. Wenn nicht, öffnen Sie die **Telefon** App und halten Sie die Taste gedrückt **1** Taste, um auf Ihre Voicemail zuzugreifen. Befolgen Sie die Anweisungen, um Ihre Begrüßung aufzuzeichnen und eine PIN festzulegen.

   ○ **Auf Voicemail zugreifen**: Um Ihre Nachrichten abzuhören, rufen Sie entweder Ihre Voicemail auf, indem Sie gedrückt halten **1** oder greifen Sie über das darauf zu **Telefon** App,

wenn Ihr Mobilfunkanbieter Visual
Voicemail unterstützt.

○ **Verwalten der
Voicemail-Einstellungen**: Die
meisten Mobilfunkanbieter bieten
Optionen zum Verwalten Ihrer
Voicemail-Einstellungen an, z. B.
zum Ändern von Begrüßungen oder
zum Deaktivieren von Voicemail.
Sie können darauf normalerweise
über das
Voicemail-Einstellungsmenü in
Ihrem zugreifen **Telefon** App oder
über die Website oder App Ihres
Mobilfunkanbieters.

Messaging-Apps: SMS, MMS und Instant Messaging

Textnachrichten bleiben eine primäre Form der
Kommunikation, und das Verständnis der
verschiedenen Nachrichtenformate – SMS,
MMS und Instant Messaging – kann Ihnen dabei

helfen, die beste Methode für Ihre Gespräche auszuwählen.

1. **SMS und MMS verstehen**:
   - **SMS (Short Message Service)**: Dies ist der Standard-Textnachrichtendienst, mit dem Sie Textnachrichten mit bis zu 160 Zeichen senden und empfangen können. SMS sind eine zuverlässige und unkomplizierte Möglichkeit der Kommunikation, insbesondere wenn die Datenmenge begrenzt oder nicht verfügbar ist.
   - **MMS (Multimedia Messaging Service)**: Mit MMS können Sie Multimedia-Inhalte wie Bilder, Videos und Audiodateien senden. Wenn Ihre Nachricht länger als 160 Zeichen ist oder Multimedia enthält, wird sie automatisch in eine MMS konvertiert. Beachten Sie, dass für MMS je nach

Mobilfunktarif höhere Gebühren anfallen können.

2. **Verwenden der Standard-Messaging-App**: Android-Geräte werden normalerweise mit einer Standard-Messaging-App geliefert, z **Nachrichten** oder **Android-Nachrichten**. So navigieren Sie darin:

   o **Senden einer Textnachricht**: Öffnen Sie Ihre Messaging-App und tippen Sie auf + oder **Neue Nachricht** Symbol, geben Sie die Nummer des Empfängers ein oder wählen Sie einen Kontakt aus, geben Sie Ihre Nachricht ein und tippen Sie auf **Schicken.**

   o **MMS versenden**: Um Bilder oder Videos zu senden, tippen Sie auf **befestigen** Symbol (häufig dargestellt durch eine Büroklammer), wählen Sie Ihre Datei aus und senden Sie sie wie eine Textnachricht.

- ○ **Gruppennachrichten**: Sie können Gruppenchats erstellen, indem Sie mehrere Kontakte zum Empfängerfeld hinzufügen. Beachten Sie, dass Gruppennachrichten abhängig von Ihrem Mobilfunkanbieter möglicherweise standardmäßig als MMS gesendet werden.

3. **Instant-Messaging-Apps**: Instant-Messaging-Apps bieten mehr Funktionen als herkömmliche SMS und MMS, darunter Echtzeitgespräche, Gruppenchats, Multimedia-Sharing und zusätzliche Tools.

- ○ **Beliebte Instant-Messaging-Apps**:
  - ■ **WhatsApp**: Mit dieser App können Sie über eine Internetverbindung Textnachrichten senden, Sprach- und Videoanrufe tätigen sowie Dateien und Bilder teilen. WhatsApp nutzt aus Sicherheitsgründen

eine
Ende-zu-Ende-Verschlüsselu
ng.

- **Facebook Messenger**: Diese
  App ist an Ihr
  Facebook-Konto gebunden
  und ermöglicht das
  Versenden von Nachrichten
  an Freunde, das Senden von
  Fotos und Videos sowie das
  Tätigen von Anrufen oder
  Video-Chats.
- **Telegramm**: Telegram ist für
  seine Sicherheits- und
  Datenschutzfunktionen
  bekannt und ermöglicht
  große Gruppenchats,
  Dateifreigabe und geheime
  Chats mit
  Ende-zu-Ende-Verschlüsselu
  ng.
- **Signal**: Diese App
  konzentriert sich auf den
  Datenschutz und bietet

sichere Nachrichten sowie
Sprach- und Videoanrufe. Es
verwendet eine
Ende-zu-Ende-Verschlüsselu
ng und verfügt über
Funktionen wie
selbstzerstörende
Nachrichten.

○ **Verwenden von
Instant-Messaging-Apps**: Jede
App hat ihre eigene
Benutzeroberfläche, aber im
Allgemeinen können Sie einen
neuen Chat starten, indem Sie auf
das Nachrichtensymbol tippen,
einen Kontakt auswählen und Ihre
Nachricht eingeben. Entdecken Sie
Funktionen wie Sprachnotizen,
Aufkleber und Emojis, um Ihre
Gespräche zu verbessern.

Kapitel 7: Android für Produktivität

In einer Zeit, in der Effizienz und Produktivität an erster Stelle stehen, sind Android-Geräte zu unverzichtbaren Werkzeugen für die Bewältigung unserer täglichen Aufgaben und Verantwortlichkeiten geworden. In diesem Kapitel erfahren Sie, wie Sie die Leistung Ihres Android-Geräts für die Produktivität mithilfe verschiedener Anwendungen und Tools nutzen können, darunter Kalender- und Planungsfunktionen, die Produktivitäts-Apps von Google und effektive Aufgabenverwaltungslösungen.

Verwenden von Kalender- und Planungstools

Organisiert zu bleiben ist der Schlüssel zur Produktivität, und Android-Geräte bieten eine Vielzahl von Kalender- und Planungstools, mit denen Sie Ihre Zeit effektiv verwalten können.

1. **Google Kalender**:
   - **Google Kalender einrichten**: Auf den meisten Android-Geräten ist Google Kalender vorinstalliert. Um es einzurichten, öffnen Sie die App und melden Sie sich mit Ihrem Google-Konto an. Dadurch wird Ihr Kalender auf allen Geräten synchronisiert, sodass Sie überall Zugriff auf Ihren Zeitplan haben.
   - **Ereignisse erstellen**:
     - Um ein Ereignis zu erstellen, tippen Sie auf „+" Klicken Sie auf die Schaltfläche, geben Sie den Titel, das Datum und die Uhrzeit der

Veranstaltung ein und fügen Sie zusätzliche Details wie Ort oder Gäste hinzu. Sie können auch Erinnerungen einrichten, die Sie vor Beginn der Veranstaltung benachrichtigen und so sicherstellen, dass Sie keinen Termin verpassen.

○ **Wiederkehrende Ereignisse**: Für Ereignisse, die regelmäßig stattfinden, wie z. B. wöchentliche Besprechungen oder monatliche Erinnerungen, können Sie sie als wiederkehrende Ereignisse festlegen. Suchen Sie im Ereigniserstellungsfenster nach der Option zum Wiederholen des Ereignisses und wählen Sie die Häufigkeit (täglich, wöchentlich, monatlich usw.).

○ **Andere Kalender integrieren**: Mit Google Kalender können Sie andere Kalender integrieren, beispielsweise

Feiertage oder Sportereignisse.
Gehen Sie dazu in das
Einstellungsmenü und wählen Sie
aus **Kalender hinzufügen**, und
wählen Sie aus den verfügbaren
Optionen.

2. **Planungstools**:
   o **Google Keep**: Dies ist eine
     vielseitige Notiz-App, die in
     Google Kalender integriert ist. Sie
     können zeit- oder ortsbezogene
     Erinnerungen erstellen, um
     sicherzustellen, dass Sie sich an
     wichtige Aufgaben oder Ereignisse
     erinnern. Richten Sie beispielsweise
     eine Erinnerung ein, Lebensmittel
     abzuholen, wenn Sie an einem
     bestimmten Ort ankommen.
   o **Kalender-Widgets**: Um Ihren
     Zeitplan schnell anzuzeigen, sollten
     Sie erwägen, ein Kalender-Widget
     zu Ihrem Startbildschirm
     hinzuzufügen. Langes Drücken auf
     den Startbildschirm, auswählen

Widgetsund wählen Sie das Google Kalender-Widget aus. Dadurch haben Sie auf einen Blick Zugriff auf Ihre bevorstehenden Veranstaltungen.

3. **Geteilte Kalender**:

   ○ **Zusammenarbeit mit Familie oder Team**: Mit Google Kalender können Sie Kalender mit anderen teilen, was besonders nützlich ist, um Termine mit der Familie oder Kollegen zu koordinieren. Um Ihren Kalender zu teilen, gehen Sie zu **Einstellungen**, wählen Sie den Kalender aus, den Sie teilen möchten, und geben Sie die E-Mail-Adressen der Personen ein, mit denen Sie ihn teilen möchten. Sie können auch ihre Berechtigungsstufe festlegen und so festlegen, ob sie Ereignisse bearbeiten oder nur anzeigen können.

Google Docs, Sheets und andere Produktivitäts-Apps

Die Produktivitäts-Apps von Google bieten leistungsstarke Tools für die Dokumentenerstellung, Datenverwaltung und Zusammenarbeit, auf die Sie alle über Ihr Android-Gerät zugreifen können.

1. **Google Docs**:
   - **Dokumente erstellen und bearbeiten**: Mit Google Docs können Sie Textdokumente direkt auf Ihrem Android-Gerät erstellen und bearbeiten. Über die benutzerfreundliche Oberfläche können Sie Text formatieren, Bilder hinzufügen und in Echtzeit mit anderen zusammenarbeiten. Öffnen Sie zum Starten einfach die App und tippen Sie auf „+" Klicken Sie auf die Schaltfläche und wählen Sie **Neues Dokument**.

○ **Kollaborative Funktionen**: Eine der herausragenden Funktionen von Google Docs sind seine Möglichkeiten zur Zusammenarbeit. Sie können andere einladen, Ihr Dokument anzuzeigen oder zu bearbeiten, indem Sie auf tippen **Aktie** Klicken Sie auf die Schaltfläche und geben Sie ihre E-Mail-Adressen ein. Von Mitarbeitern vorgenommene Änderungen sind in Echtzeit sichtbar, was es ideal für Gruppenprojekte oder Co-Authoring-Aufgaben macht.

○ **Offline-Zugriff auf Dokumente**: Wenn Sie wissen, dass Sie keinen Internetzugang haben, können Sie die Offline-Bearbeitung Ihrer Dokumente aktivieren. Öffnen Sie die App-Einstellungen und schalten Sie sie ein **Offline verfügbar machen** für die Dokumente, die Sie benötigen, sodass Sie auch ohne

Internetverbindung arbeiten
können.

2. **Google Sheets**:

   ○ **Datenmanagement**: Google Sheets
     eignet sich perfekt für die
     Datenverwaltung, egal ob Sie
     Ausgaben verfolgen, Budgets
     erstellen oder Informationen
     analysieren. Die App unterstützt
     eine Vielzahl von Funktionen und
     Formeln und ermöglicht so
     komplexe Berechnungen und
     Datenmanipulationen.

   ○ **Erstellen von Diagrammen und
     Grafiken**: Zur Visualisierung Ihrer
     Daten können Sie mit Google
     Sheets Diagramme und Grafiken
     erstellen. Wählen Sie die Daten aus,
     die Sie grafisch darstellen möchten,
     und tippen Sie auf **Einfügen** Menü
     und wählen Sie **Diagramm**. Diese
     Funktion verbessert Ihre
     Präsentationen und Berichte durch
     klare visuelle Darstellungen.

○ **Dateien importieren und exportieren**: Sie können ganz einfach Daten aus anderen Tabellenkalkulationen importieren oder Ihre Google Sheets-Dateien in verschiedene Formate (wie Excel oder PDF) exportieren, um sie zu teilen oder zu Sicherungszwecken zu speichern.

3. **Google Drive**:

○ **Dateispeicherung und -freigabe**: Google Drive fungiert als zentralisierte Speicherlösung für alle Ihre Dokumente, Tabellenkalkulationen und Präsentationen. Sie können Dateien direkt von Ihrem Android-Gerät hochladen und stellen so sicher, dass Sie überall Zugriff auf Ihre wichtigen Dokumente haben.

○ **Dateien organisieren**: Um Ihre Dateien organisiert zu halten, erstellen Sie Ordner in Google Drive. Tippen Sie auf „+" Symbol

und wählen Sie **Ordner** Um einen
neuen Ordner zu erstellen, ziehen
Sie die Dateien per Drag-and-Drop
hinein.

○ **Kollaboratives
Dateimanagement**: Ähnlich wie
bei Google Docs und Sheets können
Sie Dateien und Ordner über
Google Drive mit anderen teilen.
Wählen Sie die Datei aus und
tippen Sie auf **Aktie**und geben Sie
die E-Mail-Adressen Ihrer
Mitarbeiter ein, um ihnen nach
Bedarf Zugriff zum Anzeigen oder
Bearbeiten zu gewähren.

Effiziente Aufgabenverwaltungstools

Eine effektive Aufgabenverwaltung ist für die
Aufrechterhaltung der Produktivität von
entscheidender Bedeutung. Android bietet eine
Vielzahl von Tools, mit denen Sie Prioritäten

setzen und Ihre Aufgaben effizient erledigen
können.

1. **Google-Aufgaben:**
   - **Erstellen von To-Do-Listen:**
     Google Tasks lässt sich nahtlos in
     Gmail und Google Kalender
     integrieren, sodass Sie ganz einfach
     Aufgabenlisten erstellen und Ihre
     Aufgaben verwalten können.
     Öffnen Sie die App und tippen Sie
     auf **Fügen Sie eine Aufgabe
     hinzu**und geben Sie Ihre Aufgabe
     ein. Sie können auch
     Fälligkeitstermine und
     Erinnerungen festlegen.
   - **Aufgaben organisieren:** Sie
     können unterschiedliche
     Aufgabenlisten für verschiedene
     Projekte oder Bereiche Ihres
     Lebens erstellen. Erstellen Sie
     beispielsweise separate Listen für
     Arbeitsaufgaben, persönliche
     Besorgungen oder langfristige

Ziele. Dies hilft Ihnen, konzentriert und organisiert zu bleiben.

- ○ **Unteraufgaben**: Bei größeren Projekten können Sie mit Google Tasks Unteraufgaben erstellen. Nachdem Sie eine Aufgabe erstellt haben, tippen Sie darauf, um die Details zu öffnen, und wählen Sie dann aus **Fügen Sie eine Unteraufgabe hinzu**. Diese Funktion hilft dabei, komplexe Aufgaben in überschaubare Schritte zu unterteilen.

2. **Trello**:
   - ○ **Visuelles Projektmanagement**: Trello verwendet Boards, Listen und Karten, um Sie bei der visuellen Verwaltung von Projekten zu unterstützen. Jede Tafel stellt ein Projekt dar, während Listen Phasen des Projekts darstellen können (z. B. „Zu erledigen", „In Bearbeitung", „Fertig"). Karten

sind einzelne Aufgaben oder
Elemente innerhalb dieser Listen.

o **Funktionen für die
Zusammenarbeit**: Trello ist
äußerst kollaborativ und ermöglicht
es Ihnen, Teammitglieder zu Boards
einzuladen, Aufgaben zuzuweisen
und Kommentare oder Checklisten
zu Karten hinzuzufügen. Dies
macht es ideal für Teamprojekte
und Aufgabendelegierung.

o **Anpassbarer Workflow**: Sie
können Trello-Boards an Ihren
Arbeitsablauf anpassen, indem Sie
Beschriftungen, Fälligkeitstermine
und Anhänge zu Karten hinzufügen.
Diese Flexibilität hilft Ihnen, die
App an Ihren individuellen
Produktivitätsstil anzupassen.

3. **Todoist**:

o **Aufgaben- und
Projektmanagement**: Todoist ist
eine leistungsstarke
Aufgabenverwaltungs-App, die

Ihnen hilft, Aufgaben und Projekte effizient zu organisieren. Sie können Aufgaben mit Fälligkeitsterminen, Beschriftungen und Prioritäten erstellen, um den Überblick über Ihre Arbeit zu behalten.

○ **Wiederkehrende Aufgaben**: Für Aufgaben, die regelmäßig erledigt werden müssen (wie wöchentliche Besprechungen oder tägliche Gewohnheiten), können Sie mit Todoist wiederkehrende Aufgaben einrichten. Wählen Sie beim Erstellen der Aufgabe einfach die Häufigkeit aus und sie wird automatisch wieder in Ihrer Liste angezeigt, wenn sie fällig ist.

○ **Integrationen**: Todoist lässt sich in andere Apps wie Google Kalender integrieren, sodass Sie Ihre Aufgaben neben Ihrem Zeitplan sehen können. Diese Integration

hilft Ihnen, Ihren Tag zu
visualisieren und effektiv zu planen.

Kapitel 8: Die Kamera von Android beherrschen

Im heutigen digitalen Zeitalter ist die Kamera eines Smartphones eine der am häufigsten genutzten Funktionen. Android-Geräte sind mit fortschrittlicher Kameratechnologie ausgestattet, die es Benutzern ermöglicht, mühelos atemberaubende Fotos und Videos aufzunehmen. In diesem Kapitel werden die wesentlichen Aspekte der Beherrschung Ihrer Android-Kamera erläutert, einschließlich Tipps zum Fotografieren, Navigieren in Profi-Modi und Kameraeinstellungen sowie effektives Bearbeiten und Teilen Ihrer Medien.

Fotografie-Tipps für Android-Nutzer

Um großartige Fotos aufzunehmen, gehört mehr als nur eine gute Kamera dazu; Dazu müssen Sie die Grundprinzipien der Fotografie verstehen und wissen, wie Sie Ihr Gerät effektiv nutzen. Hier sind einige wertvolle Tipps, die Ihnen dabei helfen, atemberaubende Fotos mit Ihrem Android-Gerät aufzunehmen:

1. **Komposition verstehen**:
   - **Drittelregel**: Die Drittelregel schlägt vor, Ihren Rahmen in ein Raster aus neun gleichen Abschnitten zu unterteilen und das Motiv entlang dieser Linien oder an deren Schnittpunkten zu platzieren. Mit dieser Technik können ausgewogenere und ansprechendere Fotos erstellt werden. Viele Android-Kameras verfügen in den Einstellungen über eine Rasteroption, mit der Sie Ihre Aufnahmen nach diesem Prinzip gestalten können.

- ○ **Führende Linien**: Verwenden Sie natürliche Linien in der Umgebung – wie Straßen, Flüsse oder Zäune –, um den Blick des Betrachters auf das Motiv zu lenken. Diese Technik kann Ihren Fotos Tiefe und Interesse verleihen.
- ○ **Rahmen**: Suchen Sie nach natürlichen Rahmen in Ihrer Umgebung, z. B. Torbögen oder Ästen, um Ihr Motiv einzurahmen. Diese Technik kann dabei helfen, das Motiv hervorzuheben und gleichzeitig dem Bild Kontext hinzuzufügen.

2. **Beleuchtung ist wichtig**:
   - ○ **Natürliches Licht**: Wann immer möglich, nutzen Sie natürliches Licht. Der frühe Morgen und der späte Nachmittag (oft als „goldene Stunde" bezeichnet) sorgen für weiches, warmes Licht, das Fotos aufwertet. Vermeiden Sie grelle Mittagssonne, die zu starken

Schatten und Überbelichtung führen kann.

○ **Gegenlicht vermeiden**: Wenn Ihr Motiv von hinten beleuchtet ist (Lichtquelle hinter dem Motiv), erscheint es möglicherweise zu dunkel oder als Silhouette. Positionieren Sie sich so, dass sich die Lichtquelle vor Ihrem Motiv befindet, um eine ordnungsgemäße Belichtung zu gewährleisten.

○ **Flash mit Bedacht nutzen**: Bei Aufnahmen bei schlechten Lichtverhältnissen kann der eingebaute Blitz hilfreich sein, allerdings erzeugt er oft grelles Licht. Versuchen Sie stattdessen, den Blitz als Fülllicht zu verwenden. Das bedeutet, dass Sie Ihr Motiv beleuchten sollten, ohne sich darauf zu verlassen, dass es die primäre Lichtquelle ist.

3. **Stabilisierungstechniken**:

- ○ **Halten Sie Ihre Hand ruhig**: Um unscharfe Fotos zu vermeiden, achten Sie darauf, dass Ihre Hand beim Fotografieren ruhig bleibt. Benutzen Sie beide Hände und stützen Sie Ihre Ellbogen für zusätzliche Stabilität am Körper ab.
- ○ **Verwenden Sie ein Stativ**: Für längere Belichtungszeiten oder Situationen mit wenig Licht sollten Sie die Verwendung eines Stativs oder einer stabilen Oberfläche in Betracht ziehen. Es sind viele preisgünstige Stative erhältlich, die tragbar sind und sich perfekt für die Fotografie unterwegs eignen.

4. **Experimentieren Sie mit Winkeln und Perspektiven**:
   - ○ **Ändern Sie Ihre Perspektive**: Anstatt immer aus Augenhöhe zu fotografieren, experimentieren Sie mit verschiedenen Winkeln – fotografieren Sie von oben, von unten oder aus einem Winkel. Dies

kann zu dynamischeren und interessanteren Kompositionen führen.

○ **Nahaufnahmen und Details**: Haben Sie keine Angst, Details und Nahaufnahmen einzufangen. Verwenden Sie den Makromodus (falls verfügbar), um sich auf komplizierte Details wie Blumen, Texturen oder kleine Objekte zu konzentrieren.

Verwenden von Pro-Modi und Kameraeinstellungen

Die meisten Android-Geräte sind mit verschiedenen Kameramodi und -einstellungen ausgestattet, mit denen Benutzer die volle Kontrolle über ihr Fotoerlebnis haben. So nutzen Sie diese Funktionen effektiv:

1. **Erkunden der Kameramodi**:
   ○ **Auto Mode**: Der Standardmodus, der für die meisten Situationen

geeignet ist und die Einstellungen automatisch an die Beleuchtung und die Szene anpasst.

○ **Porträtmode**: Dieser Modus erzeugt einen Tiefenschärfeeffekt und verwischt den Hintergrund, um das Motiv hervorzuheben. Es ist ideal für die Porträtfotografie und verleiht Ihren Fotos eine professionelle Note.

○ **Nachtmodus**: Der Nachtmodus wurde für schlechte Lichtverhältnisse entwickelt und nutzt längere Belichtungszeiten und fortschrittliche Algorithmen, um Ihre Bilder aufzuhellen, ohne zu viel Rauschen hinzuzufügen.

○ **Panorama Mode**: Mit dieser Funktion können Sie weite Landschaften oder Gruppenfotos aufnehmen, indem Sie die Kamera über die Szene schwenken. Es eignet sich hervorragend für malerische Ausblicke oder große Versammlungen.

2. **Manueller (Pro) Modus**:

   o **Verschlusszeit**: Durch Anpassen der Verschlusszeit können Sie die Lichtmenge steuern, die auf den Sensor trifft. Eine kürzere Verschlusszeit friert Bewegungen ein, während eine längere Verschlusszeit in bestimmten Situationen, z. B. bei fließendem Wasser, zu einer schönen Bewegungsunschärfe führen kann.

   o **ISO-Einstellungen**: ISO steuert die Lichtempfindlichkeit der Kamera. Eine niedrigere ISO-Einstellung ist ideal für helle Umgebungen, während eine höhere ISO-Einstellung in Umgebungen mit wenig Licht nützlich sein kann. Allerdings kann eine Erhöhung des ISO-Werts zu Rauschen führen. Gehen Sie daher mit Bedacht damit um.

○ **Weißabgleich**: Durch Anpassen des Weißabgleichs wird sichergestellt, dass die Farben in Ihren Fotos korrekt sind. Sie können es entsprechend den Lichtverhältnissen einstellen (z. B. sonnig, bewölkt, fluoreszierend) oder benutzerdefinierte Einstellungen für kreative Effekte verwenden.

○ **Fokuskontrolle**: Im Pro-Modus können Sie den Fokus manuell anpassen. Mit dieser Funktion können Sie selektive Fokuseffekte erzeugen oder sicherstellen, dass das gesamte Bild scharf ist.

3. **Seitenverhältnis und Auflösung**:

○ **Das richtige Seitenverhältnis wählen**: Bei den meisten Android-Kameras können Sie verschiedene Seitenverhältnisse auswählen, z. B. 16:9 oder 4:3. Wählen Sie eines aus, das Ihren Anforderungen entspricht, je

nachdem, wo Sie Ihre Fotos teilen
oder drucken möchten.

○ **Auflösungseinstellungen**: Stellen
Sie für hochwertige Ausdrucke oder
detaillierte Aufnahmen sicher, dass
Sie Bilder mit der höchsten
verfügbaren Auflösung aufnehmen.
Bedenken Sie jedoch, dass Bilder
mit höherer Auflösung mehr
Speicherplatz beanspruchen.

Bearbeiten und Teilen von Fotos und Videos

Sobald Sie Ihre Bilder und Videos aufgenommen
haben, besteht der nächste Schritt darin, sie zu
verbessern und zu teilen. Android-Geräte bieten
zahlreiche Bearbeitungstools und
Freigabeoptionen.

1. **Bearbeiten von Fotos**:
   ○ **Integrierte Bearbeitungstools**: Die
   meisten Android-Geräte verfügen
   über grundlegende

Fotobearbeitungs-Apps, mit denen Sie Fotos zuschneiden, drehen sowie Helligkeit und Kontrast anpassen können. Öffnen Sie Ihre Fotogalerie, wählen Sie ein Bild aus und suchen Sie nach der Bearbeitungsoption, um auf diese Tools zuzugreifen.

o **Erweiterte Bearbeitungs-Apps**: Für komplexere Bearbeitungen sollten Sie den Download von Drittanbieter-Apps wie Snapseed, Adobe Lightroom oder VSCO in Betracht ziehen. Diese Apps bieten erweiterte Funktionen wie selektive Anpassungen, Filter und eine differenziertere Farbkorrektur.

o **Filter und Effekte**: Das Anwenden von Filtern kann Ihren Fotos ein einzigartiges Aussehen verleihen, aber verwenden Sie sie sparsam. Eine Überfilterung kann die Originalqualität Ihres Bildes beeinträchtigen. Experimentieren

Sie mit verschiedenen Effekten, um die richtige Balance zu finden.

2. **Videobearbeitung:**

   ○ **Trimmen und Schneiden**: Viele Fotobearbeitungs-Apps unterstützen auch die Videobearbeitung. Sie können unerwünschte Abschnitte zuschneiden oder verschiedene Clips zusammenschneiden, um ein zusammenhängendes Video zu erstellen. Suchen Sie nach Optionen wie **schneiden**, **trimmen**, Und **verschmelzen**.

   ○ **Musik und Text hinzufügen**: Werten Sie Ihre Videos auf, indem Sie Hintergrundmusik oder Texteinblendungen hinzufügen. Mit Apps wie InShot oder KineMaster können Sie diese Funktionen einfach integrieren und Ihren Videos ein ausgefeiltes Finish verleihen.

3. **Teilen Sie Ihre Medien:**

○ **Social-Media-Plattformen**: Sobald
   Sie Ihre Fotos und Videos
   bearbeitet haben, können Sie sie
   ganz einfach auf
   Social-Media-Plattformen wie
   Instagram, Facebook oder Twitter
   teilen. Jede App verfügt über
   integrierte Freigabeoptionen, mit
   denen Sie direkt aus Ihrer
   Fotogalerie oder Bearbeitungs-App
   heraus Beiträge veröffentlichen
   können.

○ **Cloud-Speicher**: Erwägen Sie zum
   Sichern Ihrer Fotos und Videos die
   Verwendung von
   Cloud-Speicherdiensten wie Google
   Drive, Dropbox oder Google Fotos.
   Mit diesen Plattformen können Sie
   von jedem Gerät aus auf Ihre
   Medien zugreifen und diese
   problemlos mit Freunden und
   Familie teilen.

○ **Alben erstellen**: Organisieren Sie
   Ihre Fotos in Alben in Ihrer

Galerie-App oder Ihrem Cloud-Dienst. Dies erleichtert das spätere Auffinden bestimmter Fotos und das Teilen von Sammlungen verwandter Bilder mit anderen.

Kapitel 9: Internet und Konnektivität

In der heutigen vernetzten Welt ist es von größter Bedeutung, in Verbindung zu bleiben. Android-Geräte sind so konzipiert, dass sie einen nahtlosen Zugang zum Internet und verschiedene Konnektivitätsoptionen bieten. In diesem Kapitel geht es um die Verwaltung von WLAN, mobilen Daten und Bluetooth, die Nutzung mobiler Hotspots und Tethering sowie die Verbindung mit Smart-Geräten, um sicherzustellen, dass Sie Ihr Android-Telefon optimal nutzen können.

Verwalten von WLAN, mobilen Daten und Bluetooth

Eine effektive Verwaltung der Konnektivitätsoptionen Ihres Geräts ist entscheidend für die Maximierung sowohl der Leistung als auch der Datennutzung. Hier ist ein genauerer Blick auf die Verwaltung dieser wichtigen Funktionen:

1. **WLAN verwalten**:
   o **Herstellen einer Verbindung zu einem Wi-Fi-Netzwerk**: Um eine Verbindung zu einem Wi-Fi-Netzwerk herzustellen, gehen Sie zu **Einstellungen** > **Netzwerk & Internet** > **W-lan**. Stellen Sie sicher, dass WLAN aktiviert ist und Sie eine Liste der verfügbaren Netzwerke sehen. Tippen Sie auf das gewünschte Netzwerk, geben Sie das Passwort ein (falls erforderlich) und tippen Sie auf **Verbinden**. Sobald die Verbindung

hergestellt ist, merkt sich Ihr Gerät dieses Netzwerk für zukünftige Verbindungen.

○ **Vergessen Sie ein Netzwerk**: Wenn Sie nicht mehr möchten, dass Ihr Android-Gerät eine Verbindung zu einem bestimmten Wi-Fi-Netzwerk herstellt, können Sie es vergessen. Gehe zu **Einstellungen > Netzwerk & Internet > W-lan**, wählen Sie das Netzwerk aus und wählen Sie **Vergessen**. Dies ist hilfreich, wenn Sie Verbindungsprobleme beheben oder gespeicherte Netzwerke verwalten.

○ **WLAN-Einstellungen**: Unter den WLAN-Einstellungen können Sie Optionen wie anpassen **WLAN-Einstellungen** um Funktionen wie zu aktivieren **Wechseln Sie zu mobilen Daten** wenn das WLAN schwach ist, oder einschalten **Lassen Sie das WLAN im Schlaf eingeschaltet** um Ihre

Verbindung auch bei ausgeschaltetem Bildschirm aufrechtzuerhalten.

2. **Mobile Daten verwalten**:

   ○ **Mobile Daten ein- und ausschalten**: Um mobile Daten umzuschalten, gehen Sie zu **Einstellungen > Netzwerk & Internet > Mobilfunknetz**. Hier können Sie mobile Daten entsprechend Ihren Nutzungsanforderungen aktivieren oder deaktivieren.

   ○ **Datennutzungsmanagement**: Mit Android-Geräten können Sie Ihre Datennutzung überwachen und steuern. Navigieren Sie zu **Einstellungen > Netzwerk & Internet > Datennutzung**. Sie können Datenlimits festlegen, Ihre Nutzung nach App anzeigen und Hintergrunddaten für bestimmte Anwendungen einschränken, um Daten zu sparen.

○ **Roaming-Einstellungen**Hinweis:
Wenn Sie Ihr Gerät im Ausland
verwenden möchten, sollten Sie die
Roaming-Einstellungen verwalten.
Gehe zu **Einstellungen** >
Netzwerk & Internet >
Mobilfunknetz und ermöglichen
Wandernd. Seien Sie vorsichtig, da
die Roaming-Gebühren deutlich
höher sein können.

3. **Bluetooth verwalten**:

○ **Geräte koppeln**: Um
Bluetooth-Geräte wie Kopfhörer,
Lautsprecher oder Smartwatches zu
verbinden, gehen Sie zu
Einstellungen > **Angeschlossene
Geräte** > **Bluetooth**. Schalten Sie
Bluetooth ein und tippen Sie dann
auf **Neues Gerät koppeln**. Ihr
Telefon sucht nach verfügbaren
Geräten. Wählen Sie das Gerät aus,
das Sie koppeln möchten, und
befolgen Sie die Anweisungen, um
die Verbindung herzustellen.

○ **Verwalten gekoppelter Geräte**:
Sobald Geräte gekoppelt sind,
können Sie sie in den
Bluetooth-Einstellungen anzeigen
und verwalten. Auf diese Weise
können Sie Geräte verbinden oder
trennen, gekoppelte Geräte
entfernen oder Einstellungen für
bestimmte Verbindungen anpassen.

○ **Bluetooth-Dateiübertragung**: Um
Dateien über Bluetooth zu senden,
aktivieren Sie Bluetooth auf beiden
Geräten, koppeln Sie sie und
wählen Sie dann mit dem
Dateimanager die Dateien aus, die
Sie teilen möchten. Wählen Sie die
Option zum Teilen über Bluetooth
und wählen Sie das gekoppelte
Gerät aus, um die Übertragung zu
starten.

Nutzung mobiler Hotspots und Tethering

Mit mobilen Hotspots und Tethering können Sie die Internetverbindung Ihres Android-Geräts mit anderen Geräten teilen. Diese Funktion ist besonders nützlich, wenn kein WLAN verfügbar ist oder Sie mehrere Geräte mit dem Internet verbinden müssen. So nutzen Sie diese Funktionen effektiv:

1. **Einrichten eines mobilen Hotspots**:
   - **Aktivieren des Hotspots**: Um Ihr Android-Gerät in einen mobilen Hotspot zu verwandeln, gehen Sie zu **Einstellungen** > **Netzwerk & Internet** > **Hotspot und Tethering** > **WLAN-Hotspot**. Schalten Sie den Hotspot ein und konfigurieren Sie Ihre Einstellungen, einschließlich des Netzwerknamens (SSID) und des Passworts. Dadurch können andere Geräte eine

Verbindung zum Internet Ihres
Telefons herstellen.

○ **Verbindungsbeschränkungen**: Sie
können die Anzahl der Geräte
begrenzen, die sich mit Ihrem
Hotspot verbinden können, um
unbefugten Zugriff zu verhindern.
Dies kann normalerweise im
Hotspot-Einstellungsmenü
eingestellt werden.

○ **Datenmanagement**Hinweis: Die
Verwendung Ihres Geräts als
Hotspot kann erhebliche
Datenmengen verbrauchen.
Überwachen Sie Ihre Datennutzung
genau, um eine Überschreitung
Ihrer mobilen Datengrenzen zu
vermeiden.

2. **Anbindung**:

○ **USB-Tethering**: Wenn Sie eine
Kabelverbindung bevorzugen,
können Sie Ihr Android-Gerät über
USB an einen Computer
anschließen. Schließen Sie das

Telefon an den Computer an und gehen Sie dann zu **Einstellungen > Netzwerk & Internet > Hotspot und Tethering** und ermöglichen **USB-Tethering**. Dies sorgt für eine stabile Verbindung und lädt Ihr Gerät gleichzeitig auf.

- o **Bluetooth-Tethering**: Für eine drahtlose Option, die weniger Batterie verbraucht, ist Bluetooth-Tethering eine weitere Alternative. Koppeln Sie Ihr Android-Gerät mit Ihrem Computer und gehen Sie dann zu **Einstellungen > Netzwerk & Internet > Hotspot und Tethering** und ermöglichen **Bluetooth-Tethering**. Stellen Sie auf Ihrem Computer eine Verbindung zu dem von Ihrem Telefon erstellten Bluetooth-Netzwerk her.
- o **Wi-Fi-Tethering**: Ähnlich wie bei mobilen Hotspots können Sie mit

Wi-Fi-Tethering die Internetverbindung Ihres Telefons drahtlos teilen. Stellen Sie sicher, dass WLAN aktiviert ist, gehen Sie zu den Tethering-Einstellungen und aktivieren Sie es **Wi-Fi-Tethering**.

Verbindung mit Smart-Geräten herstellen

Android-Geräte sind mit verschiedenen Smart-Geräten kompatibel, von Smart-Home-Gadgets bis hin zu Wearables. Wenn Sie wissen, wie Sie diese Geräte verbinden und verwalten, wird Ihr Android-Erlebnis insgesamt verbessert.

1. **Smart-Home-Geräte**:
   o **Anschließen intelligenter Geräte**: Um Smart-Home-Geräte (wie intelligente Glühbirnen, Kameras oder Lautsprecher) zu verbinden, laden Sie die entsprechende App für das Gerät herunter (z. B. Philips

Hue, Ring oder Google Home).
Befolgen Sie die
Einrichtungsanweisungen der App.
Dazu gehört häufig, dass Sie das
Smart-Gerät mit Ihrem
WLAN-Netzwerk verbinden und es
mit Ihrem Google-Konto
verknüpfen.

○ **Sprachsteuerung**: Viele
Smart-Geräte sind mit Google
Assistant kompatibel. Stellen Sie
sicher, dass Ihr Gerät mit Google
Assistant eingerichtet ist, indem Sie
auf gehen **Einstellungen** > **Google**
> **Einstellungen für Google-Apps**
> **Suche, Assistent und Stimme**.
Von hier aus können Sie
angeschlossene Geräte verwalten
und Sprachbefehle für die
Freisprechsteuerung einrichten.

2. **Tragbare Geräte**:
○ **Smartwatches verbinden**: Um
eine Smartwatch (wie eine Fitbit-
oder Samsung Galaxy Watch)

anzuschließen, installieren Sie die entsprechende App auf Ihrem Android-Gerät. Aktivieren Sie Bluetooth, öffnen Sie die App und befolgen Sie die Anweisungen zum Koppeln Ihrer Uhr. Dadurch können Sie Benachrichtigungen empfangen, Ihre Fitness verfolgen und Musik direkt von Ihrem Handgelenk aus steuern.

- **Fitness-Tracker**: Ähnlich wie Smartwatches verbinden sich Fitness-Tracker über ihre jeweiligen Apps. Stellen Sie sicher, dass Bluetooth aktiviert ist, und befolgen Sie die Anweisungen der App, um Daten zu synchronisieren und Ihre Fitnessaktivitäten zu überwachen.

3. **Smart-TVs und Streaming-Geräte**:
   - **Casting-Inhalte**: Viele Android-Geräte unterstützen das Casting, sodass Sie Inhalte auf Smart-TVs oder Streaming-Geräte (wie Chromecast) streamen können.

Stellen Sie sicher, dass sich Ihr
Fernseher und Ihr Android-Gerät
im selben WLAN-Netzwerk
befinden. Öffnen Sie die App, über
die Sie streamen möchten, tippen
Sie auf das Cast-Symbol und
wählen Sie Ihren Fernseher aus der
Liste aus.

○ **Fernbedienungsfunktionen**: Bei
einigen Smart-TVs und -Geräten
kann Ihr Android-Telefon als
Fernbedienung fungieren. Laden
Sie die App des TV-Herstellers
herunter (z. B. Samsung
SmartThings oder LG ThinQ) und
befolgen Sie die Anweisungen zum
Herstellen einer Verbindung.

Kapitel 10: Speicher und Dateien verwalten

Da Smartphones zunehmend zu einem integralen Bestandteil unseres täglichen Lebens werden, hat die effiziente Verwaltung von Speicher und Dateien auf Android-Geräten an größter Bedeutung gewonnen. Dieses Kapitel befasst sich mit den Feinheiten des Android-Dateisystems, untersucht die Vorteile von Cloud-Speicherdiensten und stellt nützliche Dateiverwaltungs-Apps und -Tools vor, mit denen Benutzer ihre Speicherkapazitäten optimieren können.

Das Dateisystem von Android verstehen

Das Dateisystem von Android ist so strukturiert, dass Benutzer Dateien einfach organisieren und darauf zugreifen können. Das Verständnis dieser Struktur kann Ihre Fähigkeit, Dateien effektiv zu verwalten, erheblich verbessern.

1. **Übersicht über die Dateistruktur**:
   - Das Dateisystem von Android ist hierarchisch aufgebaut, wobei Ordner verschiedene Dateitypen enthalten. Zu den primären Ordnern gehören: **Downloads, Bilder, Videos, Musik,** Und **Unterlagen.** Jeder Ordner dient einem bestimmten Zweck, sodass Benutzer ihre Dateien entsprechend kategorisieren können.
   - Der **Stammverzeichnis** (oder „/") ist die oberste Ebene des Dateisystems. Benutzer haben normalerweise keinen direkten

Zugriff auf Systemordner, es sei
denn, sie verfügen über
Root-Zugriff, was aufgrund
potenzieller Sicherheitsrisiken für
Gelegenheitsbenutzer nicht zu
empfehlen ist.

2. **Vom Benutzer zugängliche Ordner**:
   - **Interner Speicher**: Dies ist der
     primäre Speicher für Apps,
     Systemdateien und Benutzerdaten.
     Jede App verfügt über ein eigenes
     Verzeichnis im internen Speicher, in
     dem sie für ihren Betrieb
     wesentliche Daten speichert.
   - **Externer Speicher**: Viele
     Android-Geräte unterstützen
     externe Speicheroptionen wie
     SD-Karten. Dadurch können
     Benutzer ihre Speicherkapazität
     problemlos erweitern. Auf Dateien,
     die auf einem externen Speicher
     gespeichert sind, können oft
     mehrere Apps zugreifen, was ihn zu
     einer vielseitigen Option zum

Speichern von Fotos, Musik und Videos macht.

3. **Dateitypen und Erweiterungen**:
   - ○ Das Verständnis verschiedener Dateitypen und -erweiterungen ist für eine effektive Dateiverwaltung von entscheidender Bedeutung. Zu den gängigen Dateitypen gehören:
     - **Bilder**: JPEG, PNG, GIF
     - **Videos**: MP4, AVI, MKV
     - **Unterlagen**: PDF, DOCX, TXT
     - **Audio**: MP3, WAV, AAC
   - ○ Das Erkennen dieser Dateitypen hilft Benutzern, ihre Dateien schnell zu identifizieren und zu organisieren.

4. **Dateiberechtigungen**:
   - ○ Android verwendet ein Berechtigungssystem zum Schutz der Benutzerdaten. Jede App fordert spezifische Berechtigungen für den Zugriff auf Dateien und Ordner an. Benutzer können diese

Berechtigungen verwalten, indem sie auf gehen **Einstellungen** > **Apps** > [App-Name] > **Berechtigungen**. Dies ist von entscheidender Bedeutung, um sicherzustellen, dass Apps nur auf die erforderlichen Dateien zugreifen und so die Privatsphäre und Datensicherheit schützen.

Nutzung von Cloud-Speicherdiensten

Cloud-Speicher hat die Art und Weise verändert, wie wir Dateien speichern, darauf zugreifen und sie teilen. Es bietet eine zuverlässige Lösung zum Sichern wichtiger Daten und zum Freigeben von Speicherplatz auf Ihrem Gerät. Hier finden Sie einen umfassenden Überblick über Cloud-Speicherdienste und ihre Vorteile:

1. **Beliebte Cloud-Speicherlösungen**:
   o **Google Drive**: Google Drive ist nahtlos in Android-Geräte integriert

und bietet 15 GB kostenlosen Speicherplatz. Benutzer können Dateien problemlos speichern, mit anderen teilen und von jedem Gerät mit Internetverbindung auf ihre Daten zugreifen.

- ○ **Dropbox**: Dropbox ist für seine benutzerfreundliche Oberfläche bekannt und bietet 2 GB kostenlosen Speicherplatz mit Upgrade-Optionen für mehr Speicherplatz. Seine Dateisynchronisierungsfunktionen erleichtern den Zugriff auf Dateien über verschiedene Geräte hinweg.
- ○ **Microsoft OneDrive**: OneDrive bietet 5 GB kostenlosen Speicherplatz und ist eine hervorragende Option für Benutzer, die Microsoft Office-Produkte verwenden. Es ermöglicht Benutzern, Dokumente zu speichern und in Echtzeit mit anderen zusammenzuarbeiten.

2. **Vorteile von Cloud-Speicher**:

   ○ **Zugänglichkeit**: Cloud-Speicher
   ermöglicht Benutzern den Zugriff
   auf Dateien von überall, sofern sie
   über eine Internetverbindung
   verfügen. Dies ist besonders
   nützlich für Berufstätige, die
   unterwegs arbeiten oder Dateien
   mit Kollegen teilen müssen.

   ○ **Sicherung und
   Wiederherstellung**: Das Speichern
   von Dateien in der Cloud dient als
   Backup-Lösung und schützt vor
   Datenverlust aufgrund von
   Geräteschäden oder -verlust. Viele
   Cloud-Dienste bieten Versionierung
   an, sodass Benutzer bei Bedarf
   frühere Dateiversionen
   wiederherstellen können.

   ○ **Zusammenarbeit**: Cloud-Speicher
   erleichtert die Zusammenarbeit mit
   anderen an Projekten. Benutzer
   können Dateien teilen,
   Berechtigungen festlegen und

gleichzeitig an Dokumenten arbeiten, was die Produktivität steigert.

3. **So verwenden Sie Cloud-Speicher auf Android**:

   ○ **Herunterladen und Installieren von Apps**: Für die meisten Cloud-Speicherdienste sind spezielle Apps im Google Play Store verfügbar. Laden Sie die gewünschte App herunter und melden Sie sich bei Ihrem Konto an.

   ○ **Hochladen von Dateien**: Um Dateien hochzuladen, öffnen Sie die Cloud-Speicher-App, navigieren Sie zum entsprechenden Ordner und wählen Sie die Option zum Hochladen von Dateien aus. Sie können Dateien aus dem Speicher Ihres Geräts auswählen und sie nach Bedarf in Ordnern organisieren.

○ **Dateien synchronisieren**: Viele Cloud-Speicher-Apps ermöglichen eine automatische Synchronisierung, was bedeutet, dass in die Cloud hochgeladene Dateien auch auf Ihrem Gerät aktualisiert werden. Benutzer können diese Einstellungen in den Einstellungen der App verwalten.

Dateiverwaltungs-Apps und -Tools

Eine effiziente Dateiverwaltung ist unerlässlich, damit Ihr Android-Gerät organisiert und übersichtlich bleibt. Um diesen Prozess zu erleichtern, stehen verschiedene Apps und Tools zur Verfügung.

1. **Integrierter Dateimanager**:
   ○ Die meisten Android-Geräte verfügen über einen integrierten Dateimanager, mit dem Benutzer ihre Dateien und Ordner durchsuchen können. Diese App bietet in der Regel grundlegende

Funktionen, darunter das Verschieben, Kopieren, Löschen und Teilen von Dateien. Um darauf zuzugreifen, gehen Sie zu **Apps > Dateien** oder **Dateimanager**.

2. **Dateiverwaltungs-Apps von Drittanbietern**:

   ○ **Dateien von Google**: Diese App hilft Benutzern nicht nur bei der Verwaltung ihrer Dateien, sondern bietet auch Funktionen zum Bereinigen von Speicherplatz durch Identifizieren und Löschen unnötiger Dateien. Es bietet einfachen Zugriff auf Cloud-Speicher und Offline-Dateien und ist somit ein vielseitiges Tool.

   ○ **ES-Datei-Explorer**: Der ES File Explorer ist für seine robusten Funktionen bekannt und ermöglicht Benutzern die Verwaltung von Dateien sowohl im internen als auch im externen Speicher. Es

umfasst Optionen für die
Cloud-Speicherintegration,
Dateikomprimierung und sogar
Remote-Dateiverwaltung.

o **Solider Explorer**: Diese App bietet
ein Dual-Panee-Layout, das die
Dateiübertragung zwischen
Ordnern und Geräten effizienter
macht. Solid Explorer unterstützt
außerdem verschiedene
Cloud-Speicherdienste und verfügt
über erweiterte Funktionen wie
Verschlüsselung für eine sichere
Dateiverwaltung.

3. **Tipps zur Dateiorganisation**:

o **Erstellen Sie Ordner**: Das
Organisieren von Dateien in
Ordnern trägt zur Aufrechterhaltung
der Ordnung bei. Erstellen Sie
Ordner für verschiedene Dateitypen
(z. B. Fotos, Dokumente, Videos)
und Unterordner für bestimmte
Projekte oder Ereignisse.

○ **Verwenden Sie beschreibende Dateinamen**: Verwenden Sie beim Speichern oder Umbenennen von Dateien aussagekräftige Namen, die den Inhalt der Datei klar angeben. Dies erleichtert das spätere Auffinden von Dateien.

○ **Regelmäßige Reinigung**: Nehmen Sie sich regelmäßig Zeit, um Ihre Dateien zu überprüfen und zu bereinigen. Löschen Sie Duplikate, veraltete Dokumente und Dateien, die Sie nicht mehr benötigen, um Speicherplatz freizugeben.

Kapitel 11: Sicherheit und Datenschutz auf Android

In einer zunehmend digitalen Welt sind Sicherheit und Datenschutz für Smartphone-Nutzer von größter Bedeutung. Da Android eines der am weitesten verbreiteten mobilen Betriebssysteme weltweit ist, ist es wichtig zu wissen, wie Sie Ihr Gerät und Ihre persönlichen Daten schützen können.

Einrichten von Fingerabdruck und Gesichtsentsperrung

Biometrische Authentifizierungsmethoden wie Fingerabdruck und Gesichtsentsperrung bieten bequeme und sichere Möglichkeiten, auf Ihr Android-Gerät zuzugreifen. Diese Funktionen nutzen Ihre einzigartigen physischen Merkmale und erschweren so den Zugriff unbefugter Benutzer erheblich. So richten Sie sie ein:

1. **Entsperren per Fingerabdruck**:
   - **Wie es funktioniert**: Fingerabdruckscanner erfassen ein detailliertes Bild Ihres Fingerabdrucks und speichern es sicher auf dem Gerät. Wenn Sie versuchen, Ihr Telefon zu entsperren, vergleicht der Scanner den gescannten Fingerabdruck mit dem gespeicherten Bild.
   - **Einrichten**:
     - **Navigieren Sie zu Einstellungen**: Öffnen Sie die **Einstellungen** App auf Ihrem Android-Gerät.
     - **Wählen Sie Sicherheit**: Tippen Sie auf **Sicherheit** (oder **Biometrie und**

Sicherheit auf einigen Geräten).

- **Wählen Sie Fingerabdruck**: Wählen Sie die Option für **Fingerabdruckerkennung**.

- **Befolgen Sie die Anweisungen**: Das Gerät fordert Sie auf, Ihren Finger mehrmals auf den Scanner zu legen, um ein umfassendes Bild Ihres Fingerabdrucks zu erfassen.

- **Zusätzliche Einstellungen**: Nach der Einrichtung können Sie häufig zusätzliche Einstellungen vornehmen, z. B. die Anforderung einer PIN oder eines Passworts, wenn Ihr Fingerabdruck nicht erkannt wird.

○ **Best Practices**:
  - Registrieren Sie mehrere Finger, um den Zugriff aus

verschiedenen Winkeln zu
gewährleisten.

- Reinigen Sie den
  Fingerabdruckscanner
  regelmäßig, um eine genaue
  Messung zu gewährleisten.
- Aktualisieren Sie Ihre
  Fingerabdruckdaten, wenn
  Sie nach erheblichen
  Änderungen, wie einem
  neuen Fingerabdruck oder
  einer Verletzung,
  Schwierigkeiten bei der
  Erkennung haben.

2. **Face Unlock**:
   - **Wie es funktioniert**: Face Unlock
     verwendet die nach vorne gerichtete
     Kamera, um Ihre Gesichtszüge zu
     identifizieren. Obwohl dies
     praktisch ist, ist es wichtig zu
     beachten, dass die
     Standard-Gesichtsentsperrung
     möglicherweise nicht so sicher ist
     wie die Fingerabdruck-Entsperrung,

da sie manchmal durch Fotos oder Videos Ihres Gesichts getäuscht werden kann.

- ○ **Einrichten**:
  - ■ **Navigieren Sie zu Einstellungen**: Öffnen Sie die **Einstellungen** App.
  - ■ **Wählen Sie Sicherheit**: Tippen Sie auf **Sicherheit** (oder **Biometrie und Sicherheit**).
  - ■ **Wählen Sie Gesichtserkennung**: Wählen Sie die aus **Gesichtserkennung** Option.
  - ■ **Befolgen Sie die Anweisungen**: Positionieren Sie Ihr Gesicht im vorgesehenen Bereich und befolgen Sie die Anweisungen auf dem Bildschirm, um Ihr Gesicht zu registrieren.
- ○ **Best Practices**:

- Verwenden Sie Face Unlock in Kombination mit einem sicheren Sperrbildschirm (PIN oder Passwort), um die Sicherheit zu erhöhen.
- Suchen Sie regelmäßig nach Updates, um sicherzustellen, dass die neuesten Sicherheitsfunktionen installiert sind.
- Beachten Sie, dass die Gesichtsentsperrung bei schlechten Lichtverhältnissen möglicherweise nicht richtig funktioniert. Erwägen Sie, Ihr Gerät in Reichweite zu halten, um einen zuverlässigeren Zugriff zu gewährleisten.

Aktivieren der Zwei-Faktor-Authentifizierung (2FA)

Die Zwei-Faktor-Authentifizierung verleiht Ihren Konten eine zusätzliche Sicherheitsebene und erschwert den Zugriff unbefugter Benutzer. Diese Methode erfordert nicht nur ein Passwort, sondern auch eine zweite Form der Verifizierung, bei der es sich um einen an Ihr Telefon gesendeten Code oder eine Authentifizierungs-App handeln kann. So aktivieren Sie 2FA auf Ihrem Android-Gerät:

1. **Was ist 2FA?**:
   - Bei 2FA müssen Benutzer zwei Arten der Identifizierung angeben, bevor sie Zugriff auf ein Konto erhalten. In der Regel handelt es sich dabei um etwas, das Sie wissen (Ihr Passwort) und etwas, das Sie haben (einen an Ihr Gerät gesendeten Code).
2. **So aktivieren Sie 2FA:**
   - **Google-Konten:**

- **Öffnen Sie Einstellungen**:
  Gehe zu **Einstellungen >
  Google > Verwalten Sie Ihr
  Google-Konto**.

- **Registerkarte „Sicherheit".**:
  Navigieren Sie zu **Sicherheit**
  Tab.

- **Zweistufige Verifizierung**:
  Tippen Sie auf **Zweistufige
  Verifizierung** und befolgen
  Sie die Anweisungen zur
  Einrichtung. Sie können
  wählen, wie Sie Ihre
  Bestätigungscodes erhalten –
  entweder per SMS,
  Telefonanruf oder einer
  Authentifizierungs-App wie
  Google Authenticator.

  ○ **Andere Apps und Dienste**:
  - Viele Apps und Dienste (z. B.
    Social-Media-Plattformen,
    Banking-Apps) unterstützen
    auch 2FA. Überprüfen Sie die
    Sicherheitseinstellungen in

diesen Apps, um 2FA zu
aktivieren, und befolgen Sie
zur Einrichtung ähnliche
Schritte.

3. **Best Practices**:

   o Verwenden Sie für zusätzliche
     Sicherheit eine
     Authentifizierungs-App (wie
     Google Authenticator oder Authy)
     anstelle von SMS, da SMS
     abgefangen werden können.

   o Sichern Sie Ihre
     Wiederherstellungscodes sicher,
     falls Sie den Zugriff auf Ihr
     primäres Gerät verlieren.

   o Überprüfen Sie regelmäßig die
     Geräte, die über 2FA Zugriff auf Ihr
     Konto haben, und entfernen Sie alle
     Geräte, die nicht mehr verwendet
     werden.

Datenschutzeinstellungen und Berechtigungsverwaltung

Die Verwaltung Ihrer Datenschutzeinstellungen und App-Berechtigungen ist für den Schutz Ihrer persönlichen Daten von entscheidender Bedeutung. Android bietet verschiedene Optionen, mit denen Benutzer die Kontrolle darüber behalten können, welche Daten sie mit wem teilen.

1. **Datenschutzeinstellungen**:
   - **Navigieren Sie zu Einstellungen**: Öffnen Sie die **Einstellungen** App.
   - **Datenschutzoptionen**: Tippen Sie auf **Privatsphäre** Optionen zu erkunden, z **Aktivitätskontrollen**, **Standorteinstellungen**, Und **Anzeigeneinstellungen**.
   - **Verwalten Sie Ihre Daten**: Sie können überprüfen und verwalten, wie Ihre Daten von Google und anderen Diensten erfasst und verwendet werden. Dazu gehören

Einstellungen für Web- und
App-Aktivitäten, Standortverlauf
und Geräteinformationen.

2. **Berechtigungsverwaltung**:
   - **Berechtigungen verstehen**: Jede
     App erfordert bestimmte
     Berechtigungen für den Zugriff auf
     Daten oder Funktionen auf Ihrem
     Gerät (z. B. Kamera, Kontakte,
     Standort). Es ist wichtig, diese
     Berechtigungen zu überprüfen, um
     sicherzustellen, dass Ihre
     Privatsphäre nicht gefährdet wird.
   - **Überprüfen von
     App-Berechtigungen**:
     - **Navigieren Sie zu
       Einstellungen**: Gehe zu
       Einstellungen > Apps.
     - **Wählen Sie eine App aus**:
       Wählen Sie die App aus, die
       Sie überprüfen möchten.
     - **Berechtigungen**: Tippen Sie
       auf **Berechtigungen** um zu
       sehen, welchen Zugriff die

App hat. Sie können die Berechtigungen je nach Ihren Vorlieben ein- oder ausschalten.

- **Best Practices**:
  - Erteilen Sie nur Berechtigungen, die für die Funktionalität der App erforderlich sind. Beispielsweise benötigt eine Fotobearbeitungs-App keinen Zugriff auf Ihre Kontakte.
  - Überprüfen Sie regelmäßig Ihre installierten Apps und deren Berechtigungen und entfernen Sie alle Apps, die Sie nicht mehr verwenden oder denen Sie nicht mehr vertrauen.
  - Verwenden **App-Berechtigungen** in den Datenschutzeinstellungen, um die Berechtigungen für

alle Apps gemeinsam zu
verwalten.

3. **Standortdatenschutz**:

   o Android-Geräte bieten
   Standorteinstellungen, mit denen
   Sie steuern können, wie und wann
   Ihr Gerät Ihren Standort teilt.

   o **Ortungsdienste
   aktivieren/deaktivieren**:

     ■ Offen **Einstellungen** >
       Standort um Ortungsdienste
       ein- oder auszuschalten.

     ■ Sie können auch auswählen,
       welche Apps auf Ihren
       Standort zugreifen können (z.
       B. **Stets**, **Während der
       Nutzung der App**, oder
       Niemals).

   o **Best Practices**:

     ■ Deaktivieren Sie
       Ortungsdienste, wenn sie
       nicht verwendet werden, um
       eine Nachverfolgung zu
       verhindern.

■ Überprüfen Sie, welche Apps Standortzugriff benötigen, und passen Sie die Berechtigungen entsprechend an, um Ihre Privatsphäre zu verbessern.

Kapitel 12: Verlängern der Batterielebensdauer

Die Akkulaufzeit ist einer der wichtigsten Aspekte der Smartphone-Benutzerfreundlichkeit. Angesichts der zunehmenden Abhängigkeit von mobilen Geräten für Arbeit, Kommunikation und Unterhaltung kann die Optimierung der Akkuleistung Ihr gesamtes Android-Erlebnis erheblich verbessern.

Batterieverbrauch und Statistiken verstehen

Bevor Sie die Akkulaufzeit Ihres Android-Geräts effektiv verlängern können, ist es wichtig zu verstehen, wie der Akkuverbrauch gemeldet wird und welche Faktoren die Leistung beeinflussen.

1. **Zugriff auf Batteriestatistiken:**
   - **Navigieren Sie zu Einstellungen**: Öffnen Sie zunächst die **Einstellungen** App auf Ihrem Android-Gerät.
   - **Batterie**: Nach unten scrollen und auswählen **Batterie** oder **Batterie und Leistung** (Die Terminologie kann je nach Gerät variieren).
   - **Batterieverbrauch**: Hier sehen Sie eine Aufschlüsselung der Apps und Dienste, die am meisten Akkustrom verbrauchen. In diesem Abschnitt erfahren Sie, wie viel Akku jede App in den letzten Stunden oder Tagen verbraucht hat.

2. **Interpretieren von Batterieverbrauchsstatistiken:**
   - **Bildschirmzeit**: Einer der größten Belastungen für die Akkulaufzeit ist

das Display. Die Zeit, die Ihr Bildschirm eingeschaltet ist, steht in direktem Zusammenhang mit der Akkunutzung. Suchen Sie nach Apps, die Ihren Bildschirm länger als nötig eingeschaltet lassen.

- ○ **Hintergrundaktivität**: Einige Apps verbrauchen Batterie, auch wenn Sie sie nicht aktiv nutzen. Die Identifizierung von Apps, die häufig im Hintergrund ausgeführt werden, kann Ihnen bei der Entscheidung helfen, ob deren Aktivität eingeschränkt werden soll.
- ○ **Systemressourcen**: Gelegentlich können Systemprozesse (wie Synchronisierung oder Updates) die Akkulaufzeit beeinträchtigen. Durch die Überwachung können Sie die Gesamtleistung des Geräts besser verwalten.

3. **Batteriezustand verstehen**:
   - ○ **Anzahl der Batteriezyklen**: Die Anzahl der Ladezyklen, die Ihr

Akku durchlaufen hat, kann sich auf seine Langlebigkeit auswirken. Im Laufe der Zeit verschlechtern sich die Batterien, was zu einer verringerten Kapazität führt.

○ **Batteriekapazität**: Android-Geräte verfügen normalerweise über eine Funktion zur Anzeige der Akkukapazität. Eine deutlich verringerte Kapazität kann ein Hinweis darauf sein, dass es Zeit ist, die Batterie auszutauschen.

○ **Batterietechnologie**Hinweis: Die meisten modernen Android-Geräte verwenden Lithium-Ionen-Akkus, die im Vergleich zu älteren Akkutypen andere Eigenschaften aufweisen. Wenn Sie sich mit der Lithium-Ionen-Technologie vertraut machen, können Sie fundierte Entscheidungen zum Laden und zur Nutzung treffen.

Tipps zur Reduzierung des Batterieverbrauchs

Sobald Sie wissen, wie Ihre Batterie genutzt wird, ist die Umsetzung effektiver Strategien zur Minimierung des Stromverbrauchs von entscheidender Bedeutung. Hier sind einige umsetzbare Tipps:

1. **Passen Sie die Bildschirmhelligkeit an:**
   - **Geringere Helligkeit**: Durch Reduzieren der Bildschirmhelligkeit kann die Akkulaufzeit erheblich verkürzt werden. Verwenden Sie das Schnelleinstellungsmenü, um die Helligkeit einfach anzupassen.
   - **Adaptive Helligkeit**: Erwägen Sie die Aktivierung **Adaptive Helligkeit**, das die Bildschirmhelligkeit automatisch an die Umgebungslichtbedingungen anpasst. Diese Funktion kann dazu beitragen, den Akku zu schonen,

indem die Helligkeit in dunkleren Umgebungen reduziert wird.

2. **Begrenzen Sie die Hintergrundaktivität**:

   ○ **Hintergrunddaten einschränken**: Gehe zu **Einstellungen** > **Apps** und wählen Sie die App aus, die Sie einschränken möchten. Unter **Mobile Daten**, ausschalten **Hintergrunddaten** um zu verhindern, dass Apps Batterie verbrauchen, während sie im Hintergrund ausgeführt werden.

   ○ **App-Standby**: Einige Geräte bieten eine **App-Standby** Funktion, die die Hintergrundaktivität für Apps begrenzt, die Sie selten verwenden. Aktivieren Sie diese Funktion, um die Akkulaufzeit zu verlängern.

3. **Verwenden Sie den Batteriesparmodus**:

   ○ **Aktivieren des Batteriesparmodus**: Die meisten Android-Geräte verfügen über einen integrierten

Energiesparmodus. Dieser Modus schränkt die Hintergrunddaten ein, reduziert die Leistung und deaktiviert bestimmte Funktionen, um die Akkulaufzeit zu verlängern. Aktivieren Sie es durch **Einstellungen > Batterie.**

o **Geplante Aktivierung**: Bei einigen Geräten können Sie den Batteriesparmodus so planen, dass er zu bestimmten Zeiten, z. B. über Nacht, automatisch aktiviert wird.

4. **Deaktivieren Sie die Ortungsdienste**:

o **Standorteinstellungen verwalten**: Ständige GPS-Nutzung kann den Akku schnell entladen. Gehe zu **Einstellungen > Standort** und wählen **Batteriesparmodus** oder deaktivieren Sie Ortungsdienste, wenn sie nicht benötigt werden.

o **App-spezifischer Standortzugriff**: Anstatt allen Apps jederzeit Zugriff auf Ihren Standort zu gewähren, passen Sie die Einstellungen so an, dass der Standortzugriff nur während der Verwendung der App zulässig ist.

5. **Beschränken Sie die Konnektivitätsfunktionen**:
   - **Schalten Sie WLAN, Bluetooth und NFC aus**: Deaktivieren Sie diese Funktionen, wenn Sie sie nicht verwenden, um eine Entladung der Batterie zu verhindern. Schalten Sie sie über das Schnelleinstellungsmenü aus.
   - **Flugzeugmodus**: Wenn Sie keine Verbindung benötigen, sollten Sie den Flugmodus aktivieren, um die gesamte drahtlose Kommunikation zu stoppen und den Akku zu schonen.

6. **Synchronisierung verwalten**:
   - **Passen Sie die Synchronisierungsfrequenz an**: Gehen Sie zu Ihren Konten (wie Google) in **Einstellungen** und reduzieren Sie die Häufigkeit der

Datensynchronisierung. Stellen Sie beispielsweise ein, dass E-Mails manuell statt automatisch synchronisiert werden.

○ **Beschränken Sie die Cloud-Sicherung**: Backup-Dienste können während der Übertragung Batterie verbrauchen. Wählen Sie, dass Daten nur gesichert werden sollen, wenn eine WLAN-Verbindung besteht und der Akku aufgeladen wird.

Best Practices für Aufladung und Wartung

Richtige Ladepraktiken können die Akkulaufzeit Ihres Android-Geräts erheblich verlängern. Hier sind einige Best Practices, die Sie beachten sollten:

1. **Optimale Ladegewohnheiten**:
   ○ **Vermeiden Sie extreme Level**: Versuchen Sie, den Akkustand

zwischen 20 % und 80 % zu halten. Wenn Sie Ihren Akku regelmäßig auf 0 % absinken lassen oder ihn auf 100 % aufladen, kann sich seine Lebensdauer verkürzen.

○ **Verwenden Sie Original-Ladegeräte**: Verwenden Sie nach Möglichkeit das mit Ihrem Gerät gelieferte Ladegerät oder ein zertifiziertes Ersatzgerät. Ladegeräte von Drittanbietern bieten möglicherweise kein optimales Energiemanagement.

2. **Ladetechniken**:

○ **Laden Sie über Nacht mit Bedacht auf**: Obwohl viele Geräte über einen eingebauten Schutz gegen Überladung verfügen, ist es dennoch am besten, das regelmäßige Aufladen über Nacht zu vermeiden. Erwägen Sie die Verwendung intelligenter Steckdosen oder Zeitschaltuhren,

um den Strom nach einer
festgelegten Zeit abzuschalten.

- o **Überlegungen zum Schnellladen**:
  Schnelles Laden ist praktisch, aber
  bei häufigem Gebrauch kann
  Wärme entstehen, die sich im Laufe
  der Zeit möglicherweise auf die
  Gesundheit des Akkus auswirken
  kann. Verwenden Sie es nur bei
  Bedarf.

3. **Regelmäßige Software-Updates**:
   - o Wenn Sie die Software Ihres Geräts
     auf dem neuesten Stand halten,
     kann dies die Akkuleistung
     verbessern, da Hersteller häufig
     Optimierungen und
     Fehlerbehebungen in Updates
     integrieren. Suchen Sie regelmäßig
     nach Updates **Einstellungen** >
     Systemaktualisierungen.

4. **Batteriekalibrierung**:
   - o Eine gelegentliche Kalibrierung
     Ihres Akkus kann dazu beitragen,
     dass das Gerät den Akkustand

genauer meldet. Entladen Sie dazu
Ihren Akku vollständig, bis sich das
Gerät abschaltet, und laden Sie ihn
dann ohne Unterbrechung auf 100
% auf. Dieser Vorgang hilft bei der
Neukalibrierung des
Batteriemessgeräts.

5. **Reduzieren Sie die Hitzeeinwirkung**:

   ○ Hohe Temperaturen können sich
   negativ auf die Batterielebensdauer
   auswirken. Setzen Sie Ihr Gerät
   nicht direkter Sonneneinstrahlung
   aus und lassen Sie es nicht in
   heißen Umgebungen,
   beispielsweise an einem sonnigen
   Tag im Auto.

Kapitel 13: Sichern und Wiederherstellen Ihres Android-Geräts

In einer Zeit, in der unsere Smartphones eine immense Menge persönlicher Daten speichern – von wertvollen Fotos und wichtigen Kontakten bis hin zu sensiblen Dokumenten – ist die Sicherung und Wiederherstellung dieser Daten von entscheidender Bedeutung. Android-Geräte sind mit verschiedenen Tools und Diensten ausgestattet, die den Backup-Prozess vereinfachen und sicherstellen, dass Ihre Informationen sicher und wiederherstellbar sind, im Falle eines Verlusts, einer Beschädigung oder beim Wechsel zu einem neuen Gerät.

So sichern Sie Ihr Telefon

Die Sicherung Ihres Android-Geräts ist für den Schutz Ihrer Daten unerlässlich. Glücklicherweise bietet Android mehrere Methoden zum Sichern Ihrer Informationen und stellt so sicher, dass Sie bei Bedarf über eine zuverlässige Kopie Ihrer Daten verfügen.

1. **Verwenden integrierter Backup-Optionen:**
   o **Sicherung des Google-Kontos:**
      ▪ Gehe zu **Einstellungen > System > Sicherung**.
      ▪ Aktivieren **Backup auf Google Drive.** Diese Funktion sichert automatisch App-Daten, Anrufverlauf, Kontakte, Geräteeinstellungen und SMS-Nachrichten in Ihrem Google-Konto.
      ▪ Stellen Sie sicher, dass Ihr Gerät während des Sicherungsvorgangs mit

WLAN verbunden ist, da Sicherungen erhebliche Datenmengen verbrauchen können.

- Klopfen **Machen Sie jetzt ein Backup** um eine sofortige Sicherung zu starten.

○ **Fotos und Videos**:

- Verwenden **Google Fotos** zum Sichern Ihrer Fotos und Videos. Installieren Sie die App, falls sie noch nicht auf Ihrem Gerät vorhanden ist.
- Öffnen Sie die App, tippen Sie auf das Profilsymbol und wählen Sie aus **Fotoeinstellungen**.
- Aktivieren **Sichern und synchronisieren** um sicherzustellen, dass alle Ihre Fotos und Videos automatisch in Ihre Google Fotos-Bibliothek

hochgeladen werden, auf die Sie von jedem Gerät aus zugreifen können.

2. **Manuelle Backup-Optionen**:
   - **Lokale Sicherung auf dem Computer**:
     - Verbinden Sie Ihr Android-Gerät über ein USB-Kabel mit Ihrem Computer.
     - Aktivieren **Dateiübertragung** Modus auf Ihrem Gerät (normalerweise erscheint beim Herstellen einer Verbindung eine Eingabeaufforderung).
     - Kopieren Sie wichtige Dateien wie Fotos, Musik und Dokumente und fügen Sie sie direkt auf Ihren Computer ein.
   - **Sichern Sie Apps von Drittanbietern**:

- Einige Anwendungen wie Helium oder Titanium Backup ermöglichen umfangreichere Backups von App-Daten und Systemeinstellungen. Diese erfordern eine zusätzliche Einrichtung, können jedoch umfassende Backups bereitstellen.
- Beachten Sie, dass Titanium Backup Root-Zugriff auf Ihr Gerät erfordert und daher möglicherweise nicht für alle Benutzer geeignet ist.

3. **Sichern von Kontakten und Kalendern**:
   - **Kontakte**:
     - Synchronisieren Sie Ihre Kontakte mit Ihrem Google-Konto, indem Sie auf gehen **Einstellungen > Konten > Google**. Stellen Sie sicher, dass **Kontakte** ist

für die Synchronisierung
aktiviert.

- Alternativ können Sie
  Kontakte direkt exportieren,
  indem Sie zu Ihrer
  Kontakte-App gehen und „
  Einstellungen, und dann
  auswählen **Export** um Ihre
  Kontakte als VCF-Datei zu
  speichern.

○ **Kalender**:

- Synchronisieren Sie Ihre
  Kalenderereignisse mit
  Google Kalender, indem Sie
  sicherstellen, dass Ihr Konto
  auf die gleiche Weise wie
  Ihre Kontakte für die
  Synchronisierung
  eingerichtet ist.

- Überprüfen Sie, ob Ihre
  Termine auf der Google
  Kalender-Website verfügbar
  sind, um sicherzustellen, dass
  sie gesichert sind.

Verwendung von Google Drive und anderen Cloud-Diensten

Cloud-Dienste sind für die sichere Sicherung und Speicherung von Daten von unschätzbarem Wert. Google Drive ist eine der beliebtesten Optionen für Android-Nutzer, aber auch mehrere andere Dienste können für eine effektive Datensicherung genutzt werden.

1. **Verwendung von Google Drive**:
   - **Speicherübersicht**: Google Drive bietet 15 GB kostenlosen Speicherplatz, der von allen Google-Diensten gemeinsam genutzt wird. Um ein Upgrade für zusätzlichen Speicherplatz durchzuführen, können Sie Google One abonnieren, das verschiedene Pläne bietet.
   - **Hochladen von Dateien**: Sie können Dateien manuell auf Google Drive hochladen. Öffnen Sie die Drive-App und tippen Sie auf +

drücken und auswählen
Hochladen. Sie können Dateien
von Ihrem Gerät auswählen oder
sogar Dokumente mit Ihrer Kamera
scannen.

○ **Zusammenarbeiten und Teilen**:
Mit Google Drive können Sie
Dokumente teilen und in Echtzeit
mit anderen zusammenarbeiten,
was es zu einem leistungsstarken
Tool für den persönlichen und
beruflichen Gebrauch macht.

2. **Alternative Cloud-Dienste**:

○ **Dropbox**: Ein weit verbreiteter
Cloud-Speicherdienst, der eine
benutzerfreundliche
Dateisynchronisierung zwischen
Geräten ermöglicht. Benutzer
erhalten 2 GB kostenlosen
Speicherplatz und können Dateien
problemlos mit anderen teilen.

○ **Microsoft OneDrive**: OneDrive ist
in Microsoft Office integriert und
bietet 5 GB kostenlosen

Speicherplatz. Es ist eine
hervorragende Option für Benutzer,
die häufig mit Office-Dokumenten
arbeiten.

○ **Amazon Drive**: Besonders nützlich
für Amazon Prime-Mitglieder, die
unbegrenzten Fotospeicher und 5
GB für andere Dateitypen erhalten.

3. **Den richtigen Service auswählen**:

○ Die Wahl des Cloud-Dienstes hängt
oft von persönlichen Vorlieben,
Speicheranforderungen und der Art
der zu sichernden Inhalte ab. Es ist
wichtig zu berücksichtigen, wie viel
Speicherplatz Sie benötigen, wie
einfach der Zugriff ist und welche
zusätzlichen Funktionen der Dienst
bietet.

Zurücksetzen auf die Werkseinstellungen und Wiederherstellen von Daten

Ein Zurücksetzen auf die Werkseinstellungen ist häufig erforderlich, wenn Sie erhebliche Probleme mit Ihrem Gerät haben oder es verkaufen möchten. Bei diesem Vorgang werden alle Daten gelöscht und das Gerät auf die ursprünglichen Werkseinstellungen zurückgesetzt. Es ist wichtig zu verstehen, wie Sie einen Werksreset durchführen und Ihre Daten anschließend wiederherstellen.

1. **Durchführen eines Werksresets**:
   - **Sichern Sie wichtige Daten**: Stellen Sie vor dem Zurücksetzen sicher, dass Sie alle wichtigen Informationen gesichert haben, da durch diesen Vorgang alles von Ihrem Gerät gelöscht wird.
   - **Navigieren Sie zu „Einstellungen zurücksetzen".:**

- Gehe zu **Einstellungen** > **System** > **Optionen zurücksetzen**.
- Tippen Sie auf **Alle Daten löschen (Werksreset)**.
- Befolgen Sie die Anweisungen, um Ihre Auswahl zu bestätigen.

2. **Wiederherstellen von Daten nach einem Zurücksetzen auf die Werkseinstellungen:**

   - **Während der Einrichtung**: Wenn Sie Ihr Gerät nach dem Zurücksetzen auf die Werkseinstellungen zum ersten Mal einschalten, werden Sie aufgefordert, sich bei Ihrem Google-Konto anzumelden. Mit diesem Schritt können Sie die von Ihrem vorherigen Gerät gesicherten Daten wiederherstellen.

   - **Auswählen, was wiederhergestellt werden soll**: Sie haben die Möglichkeit, zuvor gesicherte

Apps, App-Daten und Geräteeinstellungen wiederherzustellen. Wählen Sie aus, was Sie wiederherstellen möchten, und lassen Sie den Vorgang abschließen.

- **Google Fotos**: Installieren Sie die Google Fotos-App neu und melden Sie sich an, um Ihre gesicherten Fotos und Videos abzurufen.

3. **Wiederherstellung von anderen Cloud-Diensten**:

- Wenn Sie andere Cloud-Dienste wie Dropbox oder OneDrive verwendet haben, installieren Sie einfach die entsprechenden Apps neu und melden Sie sich an, um auf Ihre Dateien zuzugreifen.
- Stellen Sie bei Kontakten und Kalendern sicher, dass die relevanten Konten synchronisiert sind **Einstellungen** > **Konten** > **Google** (oder den entsprechenden

Dienst), um diese Daten
automatisch wiederherzustellen.

Kapitel 14: Beheben häufiger Android-Probleme

Obwohl Android-Geräte darauf ausgelegt sind, ein reibungsloses Benutzererlebnis zu bieten, können von Zeit zu Zeit Probleme auftreten. Wenn Sie wissen, wie Sie häufig auftretende Probleme beheben können, können Sie Zeit, Frustration und in manchen Fällen auch Ihre Daten sparen. In diesem Kapitel werden grundlegende Techniken zur Behebung von Verbindungsproblemen, zum Beheben abstürzender Apps und langsamer Leistung sowie zur Behebung von Speicher- und Akkuproblemen behandelt.

Konnektivitätsprobleme lösen

Verbindungsprobleme gehören zu den häufigsten Frustrationen für Android-Benutzer. Unabhängig davon, ob es sich um WLAN, mobile Daten oder Bluetooth handelt, können Probleme Ihre Fähigkeit beeinträchtigen, in Verbindung zu bleiben. Hier finden Sie effektive Schritte zur Fehlerbehebung, um diese Probleme zu beheben.

1. **Probleme mit der WLAN-Verbindung**:
   - **Überprüfen Sie die WLAN-Einstellungen**:
     - Stellen Sie sicher, dass WLAN auf Ihrem Gerät aktiviert ist, indem Sie über den Benachrichtigungsschirm nach unten wischen und auf das WLAN-Symbol tippen.
     - Gehe zu **Einstellungen** > **Netzwerk & Internet** > **W-lan** um zu sehen, ob Sie mit dem richtigen Netzwerk verbunden sind.

○ **Starten Sie Ihr Gerät und Ihren Router neu:**

■ Manchmal können Verbindungsprobleme einfach durch einen Neustart Ihres Android-Geräts und des WLAN-Routers behoben werden.

○ **Vergessen und wieder verbinden:**

■ Wenn das Problem weiterhin besteht, versuchen Sie, das Wi-Fi-Netzwerk zu vergessen. Tippen Sie in den WLAN-Einstellungen auf den Netzwerknamen und wählen Sie aus **Vergessen**. Stellen Sie die Verbindung wieder her, indem Sie das Passwort erneut eingeben.

○ **Netzwerk-Reset:**

■ Wenn die oben genannten Schritte fehlschlagen, müssen Sie möglicherweise Ihre Netzwerkeinstellungen zurücksetzen. Navigieren Sie zu **Einstellungen > System > Optionen zurücksetzen > Setzen Sie WLAN, Mobilgeräte und Bluetooth zurück**. Durch diese Aktion werden gespeicherte Wi-Fi-Netzwerke und Bluetooth-Kopplungen gelöscht. Verwenden Sie dies also als letzten Ausweg.

2. **Probleme mit mobilen Daten:**
   - **Überprüfen Sie die Dateneinstellungen**:
     - Stellen Sie sicher, dass mobile Daten aktiviert sind, indem Sie auf gehen **Einstellungen > Netzwerk & Internet > Mobilfunknetz**. Stellen Sie sicher, dass **Mobile Daten** ist eingeschaltet.
   - **APN-Einstellungen**:

- Falsche APN-Einstellungen (Access Point Name) können dazu führen, dass mobile Daten nicht funktionieren. Erkundigen Sie sich bei Ihrem Mobilfunkanbieter nach den korrekten APN-Einstellungen und aktualisieren Sie diese bei Bedarf.

  ○ **Überprüfen Sie das Datenlimit**:

    - Wenn Ihre mobilen Daten nicht funktionieren, prüfen Sie, ob Ihr Datenlimit erreicht ist. Gehe zu **Einstellungen > Netzwerk & Internet > Datennutzung** um Ihren Datenverbrauch zu überprüfen.

3. **Probleme mit der Bluetooth-Verbindung**:

    ○ **Schalten Sie Bluetooth aus und wieder ein**:

- ■ Schalten Sie zunächst
  Bluetooth aus und dann
  wieder ein. Dieser einfache
  Schritt kann häufig
  Verbindungsprobleme lösen.
- ○ **Geräte vergessen und neu verbinden**:
  - ■ Wenn Sie Probleme beim
    Herstellen einer Verbindung
    zu einem bestimmten Gerät
    haben, vergessen Sie dies in
    den Bluetooth-Einstellungen
    und versuchen Sie erneut,
    eine Verbindung herzustellen.
- ○ **Bluetooth-Cache löschen**:
  - ■ Wenn die Probleme weiterhin
    bestehen, müssen Sie
    möglicherweise den
    Bluetooth-Cache leeren.
    Gehe zu **Einstellungen** >
    Apps > **System-Apps
    anzeigen** > **Bluetooth** >
    Lagerung und auswählen
    Cache leeren.

Behebung abstürzender Apps und langsamer Leistung

Abstürzende Apps oder eine langsame Leistung können Ihr Android-Erlebnis erheblich beeinträchtigen. Hier finden Sie praktische Lösungen zur Verbesserung der App-Stabilität und der Gesamtgeschwindigkeit des Geräts.

1. **Fehlerbehebung bei abstürzenden Apps:**
    - **Erzwingen Sie das Stoppen der App:**
        - Wenn eine App häufig abstürzt, gehen Sie zu **Einstellungen** > **Apps**, suchen Sie die problematische App und wählen Sie sie aus **Stopp erzwingen**. Starten Sie die App anschließend neu, um zu sehen, ob das Problem weiterhin besteht.
    - **Cache und Daten löschen:**

■ Das Leeren des App-Cache
kann viele Probleme lösen.
Wählen Sie in den
App-Einstellungen aus
Lagerung und tippen Sie
dann auf **Cache leeren**.
Wenn das Problem weiterhin
besteht, sollten Sie erwägen,
die App-Daten zu löschen.
Beachten Sie jedoch, dass
dadurch möglicherweise alle
in der App gespeicherten
Informationen gelöscht
werden.

○ **Aktualisieren Sie die App**:

■ Stellen Sie sicher, dass die
App auf die neueste Version
aktualisiert ist. Öffnen Sie
den Google Play Store,
suchen Sie nach der App und
prüfen Sie, ob ein Update
verfügbar ist.

○ **Installieren Sie die App neu**:

- Wenn alles andere fehlschlägt, deinstallieren Sie die App und installieren Sie sie erneut aus dem Play Store. Dadurch können alle zugrunde liegenden Probleme behoben werden, die möglicherweise durch beschädigte Dateien entstanden sind.

2. **Verbesserung der Geräteleistung:**
   - **Starten Sie Ihr Gerät neu:**
     - Ein einfacher Neustart kann Speicher freigeben und die Leistung verbessern. Wenn Ihr Gerät träge ist, schalten Sie es aus und wieder ein.
   - **Geben Sie Speicherplatz frei:**
     - Wenig Speicherplatz kann zu einer langsamen Leistung führen. Überprüfen Sie Ihren Speicher, indem Sie auf gehen **Einstellungen > Lagerung**. Entfernen Sie

unnötige Apps, Dateien und Downloads, um Speicherplatz freizugeben.

○ **Beschränken Sie Hintergrundprozesse**:

■ Einige Apps laufen im Hintergrund und verbrauchen Ressourcen. Gehe zu **Einstellungen > Apps > App-Info** und beschränken Sie die Hintergrundaktivität für weniger wichtige Apps.

○ **Deaktivieren oder deinstallieren Sie nicht verwendete Apps**:

■ Deaktivieren oder deinstallieren Sie Apps, die Sie selten verwenden. Gehe zu **Einstellungen > Apps**, wählen Sie die App aus und tippen Sie auf **Deaktivieren** oder **Deinstallieren**.

Umgang mit Speicher- und Batterieproblemen

Speicher und Akkulaufzeit sind entscheidende Aspekte für die Leistung Ihres Android-Geräts. Wenn in diesen Bereichen Probleme auftreten, kann dies erhebliche Auswirkungen auf Ihr Benutzererlebnis haben. Hier finden Sie Möglichkeiten zur Fehlerbehebung und Optimierung beider.

1. **Speicherprobleme:**
   - **Identifizieren Sie große Dateien:**
     - Benutzen Sie die **Lagerung** Abschnitt in den Einstellungen, um große Dateien oder Apps zu identifizieren. Tippen Sie auf Kategorien wie **Fotos und Videos**, **Apps**, oder **Downloads** um zu sehen, was Platz beansprucht.
   - **Verwenden Sie Speicherverwaltungstools:**

- Viele Android-Geräte
  verfügen über integrierte
  Speicherverwaltungstools,
  die dabei helfen, unnötige
  Dateien zu identifizieren und
  zu löschen. Verwenden Sie
  diese Tools, um Ihr Gerät zu
  bereinigen.

○ **Übertragen Sie Dateien auf einen externen Speicher**:

- Wenn Ihr Gerät dies
  unterstützt, übertragen Sie
  Dateien auf eine externe
  SD-Karte. Diese Aktion kann
  dazu beitragen, internen
  Speicher freizugeben.

○ **Nutzen Sie Cloud-Speicher**:

- Laden Sie Fotos und Dateien
  auf Cloud-Dienste wie
  Google Drive, Dropbox oder
  OneDrive hoch, um lokalen
  Speicherplatz freizugeben,
  ohne den Zugriff auf Ihre
  Daten zu verlieren.

2. **Batterieprobleme**:
   - ○ **Überprüfen Sie den Batterieverbrauch**:
     - ■ Gehe zu **Einstellungen** > **Batterie** um zu sehen, welche Apps am meisten Strom verbrauchen. Wenn Sie einen ungewöhnlichen Batterieverbrauch bemerken, sollten Sie die Deinstallation oder Einschränkung dieser Apps in Betracht ziehen.
   - ○ **Optimieren Sie die Batterieeinstellungen**:
     - ■ Nutzen Sie die Batterieoptimierungsfunktion in **Einstellungen** > **Batterie** > **Batterieoptimierung**. Hier können Sie Apps so einstellen, dass sie ihren Akkuverbrauch optimieren und so die Akkulaufzeit verlängern.

○ **Reduzieren Sie die Hintergrundaktivität**:

■ Beschränken Sie Hintergrundaktivitäten für Apps, die nicht unbedingt erforderlich sind. Gehe zu **Einstellungen > Apps**, wählen Sie die App aus und wählen Sie **Batterie** um die Hintergrundaktivität einzuschränken.

○ **Energiesparmodus**:

■ Aktivieren Sie den Energiesparmodus unter **Einstellungen > Batterie**. Dieser Modus reduziert Hintergrundaktivitäten, schränkt die Leistung ein und verlängert die Akkulaufzeit.

Kapitel 15: Verwendung Ihres Android zur Unterhaltung

In der heutigen digitalen Welt dient Ihr Android-Gerät als leistungsstarkes Unterhaltungstool und bietet eine Vielzahl von Optionen zum Streamen von Filmen, Musik, Fernsehsendungen und für immersive Spielerlebnisse. Dieses Kapitel führt Sie durch die verschiedenen Unterhaltungsoptionen, die auf Android verfügbar sind, und zeigt Ihnen, wie Sie Ihr Gerät für diese Aktivitäten optimal nutzen. Wir erkunden Streaming-Dienste, Spiele auf Android und die besten Medien- und Unterhaltungs-Apps, um Ihre Freizeit zu bereichern.

Streaming von Filmen, Musik und Fernsehsendungenws

Einer der Hauptzwecke eines Android-Geräts ist der Konsum von Medieninhalten. Mit der zunehmenden Verbreitung von Streaming-Diensten können Sie direkt aus Ihrer Tasche auf eine riesige Bibliothek mit Filmen, Fernsehsendungen und Musik zugreifen.

1. **Beliebte Streaming-Dienste**:
   - **Netflix**: Netflix ist für seine umfangreiche Bibliothek an Filmen und Originalserien bekannt und bei vielen Nutzern beliebt. Die App ist benutzerfreundlich und ermöglicht es Ihnen, mehrere Profile zu erstellen, Inhalte zur Offline-Anzeige herunterzuladen

und personalisierte Empfehlungen
zu erhalten.

○ **Amazon Prime Video**: Dieser
Dienst bietet eine vielfältige
Auswahl an Filmen und
Fernsehsendungen, darunter auch
exklusive Amazon Originals. Wenn
Sie über eine Amazon
Prime-Mitgliedschaft verfügen, ist
dieser Service inklusive und
ermöglicht Ihnen den Zugriff auf
eine Fülle von Inhalten.

○ **Disney+**: Perfekt für Fans von
Disney, Pixar, Marvel und Star
Wars: Disney+ bietet klassische
Filme und Neuerscheinungen. Die
App verfügt über eine
familienfreundliche Oberfläche und
ermöglicht die Erstellung von
Profilen für Kinder.

○ **Hulu**: Hulu bietet Zugriff auf
aktuelle und klassische
Fernsehsendungen sowie Filme und
Originalinhalte. Sein

Alleinstellungsmerkmal ist das Streaming vieler beliebter Sendersendungen am nächsten Tag.

2. **Musik-Streaming-Dienste**:
   - **Spotify**: Mit Millionen von Songs und Playlists ist Spotify eine Anlaufstelle für Musikliebhaber. Es bietet personalisierte Playlists, kuratierte Inhalte und die Möglichkeit, Songs zum Offline-Hören herunterzuladen.
   - **Apple-Musik**: Obwohl Apple Music hauptsächlich mit Apple-Produkten in Verbindung gebracht wird, ist es auf Android verfügbar. Es bietet Zugriff auf eine umfangreiche Bibliothek mit Songs, kuratierten Playlists und exklusiven Veröffentlichungen.
   - **YouTube-Musik**: Diese App wurde für Musikliebhaber entwickelt und bietet Zugriff auf offizielle Songs, Alben, Playlists und Musikvideos. Mit einem Premium-Abonnement

können Sie Ihre Playlists auch
erstellen und offline hören.

3. **Fernsehsendungen und Live-Streaming**:

   ○ **YouTube**: Neben Musik ist
   YouTube eine reichhaltige
   Unterhaltungsquelle und bietet eine
   große Auswahl an Videos, von
   Vlogs bis hin zu Dokumentationen.
   Viele Benutzer streamen auch
   Live-Events und Shows.

   ○ **Zucken**: Für Gamer bietet Twitch
   Live-Streaming von
   Videospieldurchläufen,
   eSport-Wettbewerben und kreativen
   Inhalten. Sie können per Chat mit
   Streamern und anderen Zuschauern
   interagieren.

   ○ **Sling-TV**: Dieser Dienst bietet
   Live-TV-Streaming, sodass Sie Ihre
   Lieblingssender ohne
   herkömmliches Kabelabonnement
   ansehen können. Die App ist
   anpassbar, sodass Sie Kanäle

entsprechend Ihren Interessen
auswählen können.

4. **Herunterladen von Inhalten zur
   Offline-Nutzung**:

   ○ Bei vielen Streaming-Diensten
   können Sie Filme, Sendungen und
   Musik herunterladen, um sie offline
   anzusehen oder anzuhören. Diese
   Funktion ist besonders nützlich für
   Reisende oder Personen mit
   eingeschränktem Internetzugang.
   Stellen Sie sicher, dass auf Ihrem
   Gerät ausreichend Speicherplatz
   vorhanden ist, und überprüfen Sie
   die Einstellungen der App auf die
   Download-Optionen.

Spielen auf Android

Das Spielen auf Android hat sich erheblich
weiterentwickelt und es gibt eine Fülle von
Titeln in verschiedenen Genres. Von
Gelegenheitsspielen bis hin zu fesselnden RPGs

– Ihr Android-Gerät bietet stundenlange Unterhaltung.

1. **Beliebte Spielgenres**:
   - **Gelegenheitsspiele**: Titel wie *Candy Crush Saga, Wütende Vögel,* Und *Unter uns* eignen sich perfekt für schnelle Spielsessions. Diese Spiele verfügen oft über eine unkomplizierte Mechanik und farbenfrohe Grafiken, sodass sie für Spieler jeden Alters zugänglich sind.
   - **Rollenspiele (RPGs)**: Für tieferes Geschichtenerzählen und Charakterentwicklung, RPGs wie *Genshin Impact, Final Fantasy XV Pocket Edition,* Und *Ewigkeit* bieten immersive Erlebnisse. Spieler können riesige Welten erkunden, Quests abschließen und an rundenbasierten Kämpfen teilnehmen.

○ **Action- und Abenteuerspiele**:
Wenn Sie auf der Suche nach
adrenalingeladener Action sind,
sind Titel wie *Call of Duty Mobile*,
PUBG Mobile, Und *Fortnite* Bieten
Sie spannendes Gameplay mit
Wettbewerbselementen. Viele
dieser Spiele verfügen über
Mehrspielermodi, sodass Sie mit
Freunden oder gegen andere Spieler
weltweit spielen können.

2. **Spiele-Streaming-Dienste**:

○ **Google Stadia**: Mit diesem
Cloud-Gaming-Dienst können Sie
hochwertige Spiele spielen, ohne
leistungsstarke Hardware zu
benötigen. Sie können Spiele direkt
auf Ihr Android-Gerät streamen,
sofern Sie über eine stabile
Internetverbindung verfügen.

○ **NVIDIA GeForce JETZT**: Mit
diesem Dienst können Sie Ihre
vorhandene Bibliothek an
PC-Spielen auf Ihrem

Android-Gerät spielen. Durch das Streamen von Spielen von den leistungsstarken Servern von NVIDIA können Sie hochwertige Grafiken und Leistung genießen, ohne ein High-End-Gaming-Rig zu benötigen.

3. **Beste Gaming-Apps**:
    ○ **Google Play-Spiele**: Diese App bietet einen zentralen Hub für Ihre Gaming-Aktivitäten und ermöglicht es Ihnen, Erfolge zu verfolgen, auf Multiplayer-Spiele zuzugreifen und neue Titel zu entdecken. Es ermöglicht auch die Speicherung Ihres Spielfortschritts in der Cloud.
    ○ **Game Launcher**: Viele Android-Geräte verfügen über einen integrierten Game Launcher, der Ihre Spiele an einem Ort organisiert, Gaming-Tools bereitstellt und die Leistung beim Spielen steigert.

○ **Emulatoren**: Für Fans von Retro-Spielen ermöglichen Emulatoren das Spielen klassischer Konsolenspiele auf Ihrem Android-Gerät. Apps wie *RetroArch* Und *Droid4X* bieten Zugriff auf eine Vielzahl klassischer Titel, allerdings müssen Benutzer sicherstellen, dass sie über gesetzliche Rechte an den Spielen verfügen.

Beste Medien- und Unterhaltungs-Apps

Um Ihr Android-Gerät optimal zur Unterhaltung zu nutzen, sollten Sie sich einige der besten Apps ansehen, die im Google Play Store verfügbar sind. Hier sind einige Top-Tipps, die Ihren Medienkonsum und Ihr Spielerlebnis verbessern können:

1. **Medien-Apps**:

○ **Plex**: Mit Plex können Sie Ihre persönliche Medienbibliothek, einschließlich Filmen, Musik und Fotos, auf Ihrem Android-Gerät organisieren und streamen. Sie können auch auf Inhalte aus verschiedenen Online-Quellen zugreifen.

○ **Was?**: Kodi ist ein leistungsstarkes Mediencenter, mit dem Sie Inhalte aus mehreren Quellen verwalten und streamen können. Es unterstützt verschiedene Add-ons zum Streamen von Live-TV, Filmen und mehr.

○ **MX-Spieler**: Dieser vielseitige Mediaplayer unterstützt eine Vielzahl von Videoformaten und bietet Funktionen wie Untertitelunterstützung und Gestensteuerung für ein verbessertes Seherlebnis.

2. **Unterhaltungs-Apps:**

○ **Hörbar**: Für Hörbuchliebhaber
bietet Audible eine umfangreiche
Bibliothek mit Hörbüchern
verschiedener Genres. Sie können
Ihre Lieblingsbücher unterwegs
anhören und sie sogar für den
Offline-Zugriff herunterladen.

○ **ComicRack**: Wenn Sie Comics und
Graphic Novels mögen, bietet
ComicRack eine schöne Oberfläche
zum Organisieren und Lesen Ihrer
Sammlung. Sie können Ihre Comics
für einen einfachen Zugriff
geräteübergreifend synchronisieren.

○ **Gezeiten**: Dieser
High-Fidelity-Musik-Streaming-Di
enst konzentriert sich auf
hochwertige Audioqualität und ist
daher ideal für Audiophile. Tidal
bietet exklusive Inhalte und
kuratierte Playlists.

3. **Soziale und Community-Apps**:
○ **Reddit**: Treten Sie über die
Reddit-App mit Communities in

Kontakt, die sich um Ihre Interessen drehen, von Filmen bis hin zu Spielen. Sie können Subreddits folgen, an Diskussionen teilnehmen und neue Inhalte entdecken.

○ **Zwietracht**: Für Gamer und Content-Ersteller bietet Discord eine Plattform für Community-Engagement und Voice-Chat. Sie können je nach Ihren Interessen Servern beitreten und sich mit Gleichgesinnten vernetzen.

Kapitel 16: Aufgaben mit Android automatisieren

Im Zeitalter von Smartphones kann die Möglichkeit, Aufgaben zu automatisieren, die Produktivität erheblich steigern und Ihre täglichen Abläufe rationalisieren. Android-Geräte sind mit verschiedenen Tools und Apps ausgestattet, die es Benutzern ermöglichen, Aufgaben zu automatisieren und so alltägliche Aktivitäten einfacher und effizienter zu gestalten.

Verwendung von Google Assistant für Sprachbefehle

Google Assistant ist ein leistungsstarker virtueller Assistent, der es Benutzern ermöglicht, verschiedene Aufgaben mithilfe von Sprachbefehlen auszuführen. Es kann Ihre täglichen Aktivitäten verwalten, Smart-Home-Geräte steuern und Informationen bereitstellen – alles über einfache Sprachinteraktionen.

1. **Erste Schritte mit Google Assistant**:
    - Um Google Assistant zu aktivieren, sagen Sie entweder „Hey Google" oder halten Sie die Home-Taste auf Ihrem Gerät gedrückt. Stellen Sie sicher, dass Ihre Mikrofonberechtigungen aktiviert sind, damit der Assistent auf Befehle warten kann.
    - Nach der Aktivierung können Sie Google Assistant bitten, eine Reihe von Aufgaben auszuführen, z. B.

das Wetter zu überprüfen,
Erinnerungen einzurichten,
Nachrichten zu senden oder Musik
abzuspielen.

2. **Sprachbefehle für alltägliche Aufgaben**:
   ○ **Erinnerungen und Alarme
     einstellen**: Sie können ganz einfach
     Erinnerungen oder Alarme
     einrichten, indem Sie Befehle wie
     „Erinnere mich daran, um 17:00
     Uhr Lebensmittel einzukaufen"
     oder „Stelle einen Alarm auf 7:00
     Uhr" sagen.
   ○ **Kalender verwalten**: Google
     Assistant kann Ihnen beim Planen
     von Ereignissen oder beim
     Überprüfen Ihres Kalenders helfen.
     Sagen Sie einfach: „Fügen Sie eine
     Besprechung für morgen um 10 Uhr
     zu meinem Kalender hinzu" oder
     „Was habe ich heute geplant?"
   ○ **Steuerung von
     Smart-Home-Geräten**: Wenn Sie
     Smart-Home-Geräte eingerichtet

haben, können Sie diese mit Google Assistant steuern. Befehle wie „Wohnzimmerbeleuchtung ausschalten" oder „Thermostat auf 22 Grad einstellen" funktionieren problemlos, wenn Ihre Geräte mit Google Home kompatibel sind.

- ○ **Beantwortung von Fragen**: Google Assistant kann schnell Fragen beantworten oder Informationen bereitstellen. Sie können fragen: „Was gibt es heute für Neuigkeiten?" oder „Wie viele Kalorien hat ein Apfel?" um sofortige Antworten zu erhalten.

3. **Anpassen von Google Assistant**:
   - ○ Google Assistant kann personalisiert werden, um Ihre Vorlieben besser zu verstehen. Sie können Einstellungen für Routinen, Sprachabgleich und verknüpfte Dienste über die Google Assistant-Einstellungen anpassen.

○ Um Ihre Sprachbefehle optimal zu
nutzen, sollten Sie die
benutzerdefinierten Antworten und
personalisierten Routinen des
Assistenten verwenden, die wir
später in diesem Kapitel näher
betrachten.

Aufgabenautomatisierung mit Apps wie IFTTT und Tasker

Während sich Google Assistant hervorragend für
Sprachbefehle und einfache Automatisierungen
eignet, können spezielle Apps wie IFTTT und
Tasker die Automatisierung auf die nächste
Stufe heben, indem sie komplexe Arbeitsabläufe
und bedingte Aktionen ermöglichen.

1. **IFTTT verstehen:**
   ○ **Was ist IFTTT?**: IFTTT steht für
   „If This Then That". Es handelt sich
   um einen webbasierten Dienst, der
   es Benutzern ermöglicht, Ketten
   einfacher bedingter Anweisungen

zu erstellen, die „Applets" genannt
werden. Diese Applets verbinden
verschiedene Apps und Dienste, um
Aufgaben basierend auf Auslösern
zu automatisieren.

○ **Beispiele für IFTTT-Applets**:

■ **Social-Media-Automatisier
ung**: Teilen Sie neue Fotos,
die Sie auf Instagram
veröffentlichen, automatisch
mit Ihrem Twitter-Konto.

■ **Smart Home-Integrationen**:
Schalten Sie intelligente
Lichter ein, wenn Sie nach
Hause kommen, oder
erhalten Sie
Benachrichtigungen, wenn
eine intelligente
Überwachungskamera eine
Bewegung erkennt.

■ **Produktivitätssteigerungen**:
Speichern Sie
E-Mail-Anhänge direkt in
Google Drive oder

protokollieren Sie Ihre täglichen Aktivitäten automatisch in einem Google Sheet.

2. **IFTTT einrichten**:

   ○ Laden Sie die IFTTT-App aus dem Google Play Store herunter und erstellen Sie ein Konto. Durchsuchen Sie vorhandene Applets oder erstellen Sie Ihre eigenen, basierend auf Ihren Vorlieben.

   ○ Um ein neues Applet zu erstellen, wählen Sie einen Trigger- und Aktionsdienst aus und konfigurieren Sie die Bedingungen. Über die benutzerfreundliche Oberfläche können Sie die Einstellungen einfach anpassen.

3. **Tasker erkunden**:

   ○ **Was ist Tasker?**: Tasker ist eine leistungsstarke Automatisierungs-App, mit der Benutzer komplexe automatisierte

Aufgaben auf ihren Android-Geräten erstellen können. Im Gegensatz zu IFTTT, das hauptsächlich auf webbasierten Triggern basiert, kann Tasker Geräteeinstellungen steuern und auf verschiedene Kontexte reagieren.

- ○ **Häufige Verwendungsmöglichkeiten für Tasker:**
  - ■ **Standortbasierte Automatisierungen:** Schalten Sie Ihr Gerät automatisch in den lautlosen Modus, wenn Sie bei der Arbeit ankommen, oder schalten Sie WLAN ein, wenn Sie zu Hause sind.
  - ■ **Zeitbasierte Aktionen:** Stellen Sie Ihr Telefon so ein, dass es zu bestimmten Zeiten vibriert, oder starten Sie eine bestimmte App, wenn Sie aufwachen.

- **Gerätezustände**: Einstellungen basierend auf dem Akkustand ändern, z. B. Hintergrunddaten deaktivieren, wenn der Akku schwach ist.

4. **Tasker einrichten**:

    o Laden Sie Tasker aus dem Google Play Store herunter und erkunden Sie die Funktionen der App. Die Benutzeroberfläche mag zunächst komplex sein, ermöglicht jedoch eine leistungsstarke Automatisierung, sobald Sie sich damit vertraut gemacht haben.

    o Erstellen Sie Profile, die aus Auslösern (Ereignissen, die eine Aktion starten) und Aufgaben (den auszuführenden Aktionen) bestehen. Sie können beispielsweise ein Profil einrichten, das Ihr Telefon an Wochentagen zu bestimmten Zeiten stummschaltet.

○ Nutzen Sie die umfangreiche Dokumentation und die Community-Foren von Tasker, um mehr über erweiterte Funktionen und von Benutzern erstellte Profile zu erfahren.

Einrichten von Routinen und Automatisierungen

Routinen können Ihren Tag vereinfachen, indem sie es Ihnen ermöglichen, mehrere Aufgaben mit einem einzigen Befehl oder zu bestimmten Zeiten zu automatisieren. Sowohl Google Assistant als auch Automatisierungs-Apps wie IFTTT und Tasker unterstützen Routinen, sodass Sie anpassen können, wie Ihr Android-Gerät den ganzen Tag über mit Ihnen interagiert.

1. **Erstellen Sie Routinen mit Google Assistant**:
   ○ Mit Routinen in Google Assistant können Sie mehrere Befehle mit einer einzigen Phrase ausführen. Sie

können beispielsweise eine Routine erstellen, die die Nachrichten liest, das Wetter anzeigt und intelligente Lichter einschaltet, wenn Sie „Guten Morgen" sagen.

○ Um eine Routine einzurichten, öffnen Sie die Google Assistant-Einstellungen, navigieren Sie zum Abschnitt „Routinen" und wählen Sie das Hinzufügen einer neuen Routine aus. Sie können die Auslösephrase auswählen, die Aktionen hinzufügen, die der Assistent ausführen soll, und Ihre Routine für die zukünftige Verwendung speichern.

2. **Kombination von IFTTT und Tasker für erweiterte Routinen:**

○ Durch die Kombination von IFTTT und Tasker können Sie ausgefeiltere Automatisierungen erstellen. Verwenden Sie beispielsweise Tasker, um bestimmte Aktionen basierend auf Ihrem Standort auszulösen, und IFTTT, um Sie per E-Mail oder SMS zu benachrichtigen, wenn diese Aktionen ausgeführt werden.

- ○ Entdecken Sie Integrationen zwischen beiden Apps, z. B. die Verwendung von Tasker zur Überwachung des Zustands Ihres Geräts und IFTTT zur Interaktion mit anderen Diensten basierend auf diesen Bedingungen.

3. **Tipps für eine effektive Aufgabenautomatisierung**:
   - ○ Beginnen Sie mit einfachen Automatisierungen und erkunden Sie nach und nach komplexere Aufgaben, während Sie sich mit den Apps vertraut machen.
   - ○ Überprüfen und verfeinern Sie Ihre Automatisierungen regelmäßig, um sicherzustellen, dass sie weiterhin Ihren Anforderungen entsprechen, und passen Sie sie an Änderungen

Ihrer Routinen oder Ihres
Lebensstils an.

○ Nutzen Sie
Community-Ressourcen, Foren und
Tutorials, um von den Erfahrungen
anderer Benutzer zu lernen und
innovative Möglichkeiten zur
Automatisierung von Aufgaben zu
entdecken.

Kapitel 17: Entwicklermodus und erweiterte Funktionen

Wenn Sie mit Ihrem Android-Gerät vertrauter werden, möchten Sie möglicherweise tiefergehende Funktionen und Anpassungsoptionen erkunden, die normalerweise Entwicklern und fortgeschrittenen Benutzern vorbehalten sind. In diesem Kapitel geht es darum, Entwickleroptionen zu aktivieren, USB-Debugging und Android Debug Bridge (ADB) zu nutzen und die Welt der benutzerdefinierten ROMs und das Rooten Ihres Geräts zu erkunden. Diese erweiterten Funktionen können ein neues Maß an Kontrolle und Personalisierung für Ihr Android-Erlebnis ermöglichen.

Entwickleroptionen aktivieren

Entwickleroptionen sind ein verstecktes Menü in Android, das verschiedene Einstellungen für Entwickler bietet, aber auch für fortgeschrittene Benutzer nützlich sein kann. Durch die Aktivierung dieser Funktion erhalten Sie Zugriff auf Einstellungen, die Leistungsoptimierungen, USB-Debugging und mehr ermöglichen.

1. **So aktivieren Sie Entwickleroptionen:**
   - Öffnen Sie die **Einstellungen** App auf Ihrem Android-Gerät.
   - Scrollen Sie nach unten zu **Über Telefon** oder **Über das Gerät**.
   - Suchen Sie die **Build-Nummer** Option. Bei den meisten Android-Geräten müssen Sie möglicherweise auf tippen

Build-Nummer siebenmal kurz hintereinander. Sie sehen eine Benachrichtigung, dass die Entwickleroptionen aktiviert wurden.

- Kehren Sie nach der Aktivierung zum Hauptmenü zurück **Einstellungen** Menü, und Sie werden finden **Entwickleroptionen** am Ende der Liste aufgeführt.

2. **Was können Sie in den Entwickleroptionen tun?**:
   - **Anpassungen der Animationsskala**: Sie können die Animationen auf Ihrem Gerät beschleunigen oder verlangsamen und so die Reaktionsfähigkeit oder Ästhetik je nach Wunsch verbessern. Navigieren Sie zu **Fensteranimationsskala**, **Übergangsanimationsskala**, Und **Animator-Dauerskala** um diese Einstellungen anzupassen.

○ **Bleib wach**: Wenn Ihr Gerät angeschlossen ist, kann es im Ruhezustand bleiben, sodass es nicht zu einer Zeitüberschreitung des Bildschirms kommt. Dies ist besonders während der Entwicklung oder Präsentationen nützlich.

○ **Taps und Zeigerposition anzeigen**: Aktivieren Sie diese Optionen, um Berührungseingaben zu visualisieren und zu sehen, wo Sie auf dem Bildschirm tippen, was bei Präsentationen oder App-Tests hilfreich sein kann.

○ **USB-Debugging**: Dies ist eine wichtige Funktion für alle, die tiefer in Android eintauchen möchten. Es ermöglicht Ihrem Gerät, zu Entwicklungszwecken mit Ihrem Computer zu kommunizieren, worauf wir im nächsten Abschnitt ausführlich eingehen.

USB-Debugging und Android Debug Bridge (ADB)

USB-Debugging ist eine Funktion, die es Ihrem Android-Gerät ermöglicht, mit einem Computer zu kommunizieren, auf dem das Android SDK (Software Development Kit) läuft. Diese Kommunikation ist wichtig für Entwickler, die Apps testen oder erweiterte Funktionen wie ADB nutzen möchten.

1. **USB-Debugging aktivieren**:
   - Gehen Sie zurück zum **Entwickleroptionen** in den Einstellungen Ihres Geräts.
   - Finden Sie die **USB-Debugging** umschalten und einschalten. Bestätigen Sie alle angezeigten Eingabeaufforderungen.
2. **Was ist ADB?**:
   - **Android Debug Bridge (ADB)** ist ein Befehlszeilentool, mit dem Sie von einem Computer aus mit Ihrem Android-Gerät kommunizieren

können. Mit ADB können Sie eine Vielzahl von Aufgaben ausführen, z. B. Apps installieren, Dateien übertragen und Befehle auf Ihrem Gerät ausführen, ohne mit dem Touchscreen des Geräts interagieren zu müssen.

○ Um ADB verwenden zu können, müssen Sie das Android SDK auf Ihrem Computer installieren. Es stehen auch eigenständige ADB-Pakete zur Verfügung, wenn Sie die Installation des gesamten SDK überspringen möchten.

3. **Allgemeine ADB-Befehle**:

○ **ADB-Geräte**: Listet alle angeschlossenen Geräte und deren Seriennummern auf.

○ **adb install [Pfad zur APK]**: Installieren Sie eine App direkt von Ihrem Computer auf Ihrem Gerät.

○ **adb push [lokale Datei] [entfernter Standort]**: Kopiert

Dateien von Ihrem Computer auf Ihr Android-Gerät.

- **adb pull [Remote-Datei] [lokaler Speicherort]**: Kopiert Dateien von Ihrem Android-Gerät auf Ihren Computer.
- **ADB-Neustart**: Startet Ihr Gerät neu.
- **ADB-Shell**: Öffnet eine Befehlszeilenschnittstelle, um Befehle direkt auf Ihrem Gerät auszuführen.

4. **Vorteile der Verwendung von ADB**:
   - ADB ermöglicht eine optimierte App-Entwicklung und ermöglicht es Entwicklern, ihre Anwendungen effektiv zu testen und zu debuggen.
   - Fortgeschrittene Benutzer können ADB für verschiedene Zwecke nutzen, darunter zum Sichern von Apps, zum Ändern von Systemeinstellungen oder zum Verwalten von Dateien, ohne dass eine GUI (grafische

Benutzeroberfläche) erforderlich ist.

Verwenden von benutzerdefinierten ROMs und Rooten Ihres Geräts

Benutzerdefinierte ROMs und Rooting bieten Benutzern umfangreiche Anpassungsoptionen und eine verbesserte Kontrolle über ihre Geräte. Diese Prozesse bergen jedoch Risiken, einschließlich des Erlöschens von Garantien und der möglichen Zerstörung von Geräten, wenn sie nicht korrekt durchgeführt werden.

1. **Was ist ein benutzerdefiniertes ROM?**:
   o Ein Custom ROM ist eine modifizierte Version des Android-Betriebssystems, die von Drittentwicklern entwickelt wurde. Diese ROMs können im Vergleich zum Standard-Android der Gerätehersteller neue Funktionen, verbesserte Leistung und andere Benutzeroberflächen bieten.

○ Zu den beliebten benutzerdefinierten ROMs gehören LineageOS, Pixel Experience und Resurrection Remix. Jedes bietet einzigartige Funktionen und Stabilitätsniveaus.

2. **So installieren Sie ein benutzerdefiniertes ROM**:

○ **Entsperren des Bootloaders**: Bei den meisten Geräten müssen Sie den Bootloader entsperren, bevor Sie ein benutzerdefiniertes ROM installieren. Dieser Vorgang variiert je nach Hersteller und kann zum Erlöschen Ihrer Garantie führen.

○ **Installieren einer benutzerdefinierten Wiederherstellung**: Mit einer benutzerdefinierten Wiederherstellung (wie TWRP) können Sie das benutzerdefinierte ROM installieren und Sicherungen durchführen. Sie können TWRP mit ADB-Befehlen flashen.

○ **Flashen des Custom ROM**: Laden
Sie das gewünschte ROM herunter
und übertragen Sie es auf Ihr Gerät.
Starten Sie im
Wiederherstellungsmodus und
installieren Sie das ROM mit
TWRP. Befolgen Sie die
Anweisungen, um Ihr Gerät zu
löschen und das neue ROM zu
flashen.

3. **Was ist Rooten?**:

○ Beim Rooten erhalten Sie
Root-Zugriff auf Ihr Android-Gerät.
Dadurch können Sie die vom
Hersteller festgelegten
Einschränkungen umgehen und auf
Systemdateien zugreifen. Dies kann
eine umfassendere Anpassung, die
Entfernung von Bloatware und die
Ausführung von Apps ermöglichen,
die Root-Berechtigungen erfordern.

○ Zu den gängigen
Rooting-Methoden gehört die

Verwendung von Anwendungen
wie Magisk oder SuperSU.

4. **Risiken und Überlegungen:**

   ○ **Garantie ungültig**Hinweis: Durch
   das Rooten oder Installieren eines
   benutzerdefinierten ROM erlischt in
   der Regel Ihre Garantie. Bedenken
   Sie dies, bevor Sie fortfahren.

   ○ **Bricken Ihres Geräts**Hinweis:
   Wenn die Prozesse nicht korrekt
   befolgt werden, besteht die Gefahr,
   dass Ihr Gerät blockiert wird (d. h.,
   dass es nicht mehr funktionsfähig
   ist). Lesen Sie die Anweisungen
   immer sorgfältig durch und stellen
   Sie sicher, dass sie mit Ihrem
   spezifischen Gerätemodell
   kompatibel sind.

   ○ **Sicherheitsrisiken**: Rooten kann
   Ihr Gerät Sicherheitslücken
   aussetzen. Stellen Sie sicher, dass
   Sie die Auswirkungen der
   Gewährung von Root-Zugriff auf
   Apps verstehen.

Kapitel 18: Barrierefreiheitsfunk tionen auf Android

In der heutigen Welt spielt Technologie eine wichtige Rolle in unserem täglichen Leben, und es ist von entscheidender Bedeutung, sicherzustellen, dass diese Technologie für jedermann zugänglich ist. Android bietet eine breite Palette an Barrierefreiheitsfunktionen, die darauf ausgelegt sind, Benutzer mit unterschiedlichen Bedürfnissen zu unterstützen, darunter auch Menschen mit Seh-, Hör- und motorischen Beeinträchtigungen.

Anpassen Barrierefreiheitseinstellungen

Anpassen Mithilfe der Barrierefreiheitseinstellungen auf Ihrem Android-Gerät können Sie ein personalisiertes Erlebnis erstellen, das auf Ihre Bedürfnisse zugeschnitten ist. Android bietet eine umfassende Suite von Eingabehilfen, auf die über das Einstellungsmenü des Geräts zugegriffen werden kann.

1. **Zugreifen auf Barrierefreiheitseinstellungen**:
   ○ Öffnen Sie die **Einstellungen** App auf Ihrem Android-Gerät.
   ○ Scrollen Sie nach unten und wählen Sie aus **Zugänglichkeit**. Dieser Abschnitt kann je nach Gerätehersteller leicht variieren, befindet sich jedoch normalerweise am Ende der Einstellungsliste.
2. **Erkunden der Barrierefreiheitsfunktionen**:

○ Im Menü „Eingabehilfen" finden
Sie verschiedene Optionen zum
Anpassen Ihres Geräts für eine
bessere Benutzerfreundlichkeit.
Hier sind einige wichtige
Funktionen, die Sie anpassen
können:

■ **TalkBack**: Hierbei handelt es
sich um einen
Bildschirmleser, der blinden
oder sehbehinderten
Benutzern gesprochenes
Feedback bietet. Wenn
TalkBack aktiviert ist,
kündigt es Elemente auf dem
Bildschirm an und erleichtert
so die Navigation auf Ihrem
Gerät.

■ **Schalterzugriff**: Mit dieser
Funktion können Benutzer
mit ihren Geräten über
Schalter statt über den
Touchscreen interagieren. Es
ist besonders vorteilhaft für

Personen mit eingeschränkter Mobilität.

- **Textgröße und Anzeigegröße**: Passen Sie die Textgröße und die Anzeigegröße an, um die Lesbarkeit zu verbessern. Dies ist nützlich für Benutzer mit Sehbehinderungen, die zum leichteren Lesen möglicherweise einen größeren Text benötigen.

- **Text- und Farbanpassung mit hohem Kontrast**: Diese Einstellungen verbessern die Sichtbarkeit, indem sie den Textkontrast erhöhen und es Benutzern ermöglichen, Farbkombinationen zu ändern, um Menschen mit Farbenblindheit oder Sehbehinderung gerecht zu werden.

- **Verknüpfung zur Barrierefreiheit**: Mit dieser Funktion können Benutzer schnell auf die Barrierefreiheitseinstellungen zugreifen, indem sie auf das Barrierefreiheitssymbol in der Navigationsleiste tippen.

3. **Personalisieren der Barrierefreiheitseinstellungen**:
   - Viele dieser Funktionen können noch weiter an individuelle Vorlieben angepasst werden. Beispielsweise können Benutzer in den TalkBack-Einstellungen die Sprechgeschwindigkeit und Tonhöhe anpassen und so sicherstellen, dass das Sprachfeedback klar und verständlich ist.
   - Experimentieren Sie mit verschiedenen Einstellungen, um die optimale Konfiguration für Ihre Bedürfnisse zu finden. Die

Anforderungen jedes Benutzers können erheblich unterschiedlich sein. Nehmen Sie sich daher die Zeit, die Funktionen zu personalisieren, die für Sie am besten geeignet sind.

Text-to-Speech- und Sprachbefehle

Text-to-Speech (TTS) und Sprachbefehle sind leistungsstarke Tools, die die Barrierefreiheit verbessern und es Benutzern ermöglichen, mit ihren Geräten über Sprache statt über Berührung zu interagieren. Diese Funktionen können die Benutzerfreundlichkeit von Android-Geräten für Personen mit Sehbehinderungen oder für Personen, die herkömmliche Eingabemethoden als schwierig empfinden, erheblich verbessern.

1. **Text-to-Speech (TTS) verstehen**:
    ○ Die TTS-Technologie wandelt geschriebenen Text in gesprochene Wörter um, sodass Benutzer den Textinhalt anhören können, anstatt ihn zu lesen. Dies ist besonders

nützlich zum Lesen von Artikeln, E-Mails und anderen schriftlichen Materialien.

- So aktivieren Sie TTS auf Ihrem Android-Gerät:
  - Gehe zu **Einstellungen** > **Zugänglichkeit** > **Text-to-Speech-Ausgabe**.
  - Wählen Sie Ihre bevorzugte TTS-Engine (häufig wird Googles TTS verwendet) und passen Sie Einstellungen wie Sprechgeschwindigkeit und Tonhöhe an.

2. **Verwenden von TTS mit TalkBack**:
   - Wenn TalkBack aktiviert ist, nutzt es automatisch die TTS-Funktion, um Inhalte auf dem Bildschirm vorzulesen. Benutzer können durch verschiedene Apps navigieren und erhalten mündliches Feedback zu den Elementen, die sie berühren oder auswählen.

○ TalkBack bietet verschiedene
Gesten zur Steuerung der
Navigation, wie zum Beispiel
Wischen und Doppeltippen. Sich
mit diesen Gesten vertraut zu
machen, kann das Gesamterlebnis
verbessern.

3. **Sprachbefehle und Google Assistant**:

○ Mithilfe von Sprachbefehlen
können Benutzer freihändig mit
ihren Geräten interagieren. Durch
die Verwendung von Google
Assistant können Benutzer eine
Vielzahl von Aufgaben einfach
durch Sprechen erledigen.

○ Zu den gängigen Sprachbefehlen
gehören:

■ „Hey Google, sende eine
SMS an [Kontaktname]."

■ „Hey Google, stelle einen
Timer auf 10 Minuten."

■ „Hey Google, spiele [Musik
oder Podcast] ab."

○ Um Sprachbefehle zu aktivieren, stellen Sie sicher, dass Google Assistant aktiviert ist, indem Sie auf gehen **Einstellungen > Google > Einstellungen für Google Apps > Suche, Assistent und Stimme > Google Assistant**. Hier können Sie Einstellungen anpassen, um die Leistung von Sprachbefehlen zu optimieren.

4. **Sprachzugriff**:

○ Voice Access ist eine Funktion, die es Benutzern ermöglicht, ihr Gerät vollständig über Sprachbefehle zu steuern. Es kann besonders hilfreich für Menschen mit eingeschränkter Mobilität sein.

○ Nach der Aktivierung können Sie Befehle wie „[App-Name] öffnen" oder „nach unten scrollen" verwenden, um durch Ihr Gerät zu navigieren, ohne Touch-Steuerelemente zu verwenden. Um Voice Access zu

aktivieren, gehen Sie zu
**Einstellungen > Zugänglichkeit >
Sprachzugriff** und folgen Sie den
Einrichtungsanweisungen.

Seh-, Hör- und Geschicklichkeitswerkzeuge

Android bietet verschiedene Tools, die speziell
dafür entwickelt wurden, Benutzer bei Seh-,
Hör- und Geschicklichkeitsproblemen zu
unterstützen. Diese Funktionen verbessern die
allgemeine Zugänglichkeit des Geräts und
verbessern die Benutzererfahrung in
verschiedenen Szenarien.

1. **Vision-Tools**:
   - **Vergrößerung**: Mit dieser Funktion
     können Benutzer den Bildschirm
     vergrößern und so das Lesen von
     Text und das Anzeigen von Bildern
     erleichtern. So aktivieren Sie die
     Vergrößerung:

- Gehe zu **Einstellungen** >
  Zugänglichkeit >
  Vergrößerung und schalten
  Sie es ein. Benutzer können
  dann dreimal auf den
  Bildschirm tippen, um die
  Vergrößerung zu aktivieren.
  - ○ **Farbkorrektur und
    Farbinvertierung**: Diese
    Einstellungen unterstützen Benutzer
    mit Farbenblindheit oder
    Sehschwäche. Aktivieren Sie die
    Farbkorrektur, um die
    Farbeinstellungen für bestimmte
    Farbmängel anzupassen, oder
    verwenden Sie die
    Farbinvertierung, um das
    Farbschema in ein besser lesbares
    Format zu ändern.

2. **Hörgeräte**:
  - ○ **Live-Transkription**: Diese
    Funktion wandelt gesprochene
    Wörter in Echtzeit in geschriebenen
    Text um und bietet eine effektive

Lösung für gehörlose oder schwerhörige Personen. Um Live Transcribe zu verwenden, gehen Sie zu **Einstellungen** > **Zugänglichkeit** > **Live-Transkription** und aktivieren Sie die Funktion.

- ○ **Tonverstärker**: Der Tonverstärker verbessert die Audioqualität und -klarheit und macht es für Benutzer mit Hörbehinderung einfacher, Töne von ihren Geräten zu hören. Greifen Sie über auf diese Funktion zu **Einstellungen** > **Zugänglichkeit** > **Tonverstärker** und passen Sie die Einstellungen an, um die Audioausgabe zu optimieren.

3. **Geschicklichkeitswerkzeuge**:
- ○ **Schalterzugriff**: Wie bereits erwähnt, ermöglicht Switch Access Benutzern die Steuerung ihrer Geräte über externe Schalter anstelle des Touchscreens. Diese Funktion kann an individuelle Bedürfnisse angepasst werden und

ermöglicht individuelle
Interaktionen basierend auf
verfügbaren Schaltern.

○ **Menü „Barrierefreiheit".**: Dieses
Menü bietet eine
Bildschirmüberlagerung, die
schnellen Zugriff auf wichtige
Gerätefunktionen wie
Lautstärkeregelung,
Energieoptionen und mehr bietet.
Um das Barrierefreiheitsmenü zu
aktivieren, gehen Sie zu
**Einstellungen > Zugänglichkeit >
Menü „Barrierefreiheit".**.

Kapitel 19: Kommende Funktionen in Android

Das Android-Betriebssystem ist für seine ständige Weiterentwicklung und Innovation bekannt, die von einer Entwicklergemeinschaft und der Nachfrage nach verbesserten Benutzererlebnissen vorangetrieben wird. Dieses Kapitel untersucht die aufregende Zukunft von Android und konzentriert sich auf die kommenden Funktionen, die versprechen, die Art und Weise, wie wir mit unseren Geräten interagieren, neu zu definieren. Wir werden auch die Trends und Innovationen untersuchen, die die Android-Technologie prägen, und Ratschläge geben, wie Sie über die neuesten Entwicklungen im Android-Ökosystem auf dem Laufenden bleiben.

Was kommt als nächstes in der Android-Betriebssystementwicklun g?

Mit der Weiterentwicklung der Technologie entwickelt sich auch das Android-Betriebssystem weiter. Google arbeitet kontinuierlich an neuen Funktionen und Verbesserungen, die darauf abzielen, die Benutzerfreundlichkeit, Leistung und Sicherheit zu verbessern. Zu den erwarteten Fortschritten gehören:

1. **Verbesserte Benutzeroberfläche (UI) und Benutzererfahrung (UX):**
   o Die zukünftigen Versionen von Android werden voraussichtlich schlankere und

benutzerfreundlichere Schnittstellen einführen. Dazu gehören weitere Verfeinerungen des Materialdesigns, das darauf abzielt, intuitive und optisch ansprechende Interaktionen auf allen Geräten zu schaffen.

○ Erwarten Sie Verbesserungen bei Gesten und Navigation, die ein flüssigeres Multitasking und einen einfacheren Zugriff auf Apps und Funktionen ermöglichen. Zukünftige Updates könnten beispielsweise erweiterte Gestensteuerungen enthalten, um herkömmliche Tasten vollständig zu ersetzen.

2. **Verbesserte Datenschutz- und Sicherheitsfunktionen**:

○ Da die Bedenken hinsichtlich des Datenschutzes zunehmen, konzentriert sich Google auf die Verbesserung der Benutzersicherheit. Zukünftige

Updates werden voraussichtlich detailliertere Berechtigungseinstellungen enthalten, sodass Benutzer steuern können, welche Daten mit Apps geteilt werden.

○ Funktionen wie automatische Sicherheitsupdates, verbesserte Verschlüsselung und verbesserte biometrische Authentifizierung (wie Gesichtserkennung und Fingerabdrucksensoren unter dem Display) werden die Gerätesicherheit weiter erhöhen.

3. **Integration von KI und maschinellem Lernen**:

○ Die Integration von künstlicher Intelligenz (KI) und maschinellem Lernen (ML) in Android wird weiter zunehmen und intelligentere Funktionen bieten, die sich an die Vorlieben der Benutzer anpassen. Dies könnte eine verbesserte Spracherkennung für Google

Assistant, eine bessere
Texterkennung in Messaging-Apps
und intelligentere
Kamerafunktionen umfassen, die
Fotos basierend auf der Szene
automatisch verbessern.

○ Verbesserte kontextbezogene
Funktionen könnten es
Android-Geräten ermöglichen,
Benutzerbedürfnisse zu antizipieren
und auf der Grundlage von
Nutzungsmustern Vorschläge für
Aktionen oder Apps anzubieten.

4. **5G- und Konnektivitätsinnovationen**:

○ Mit der Einführung von
5G-Netzwerken werden sich
zukünftige Android-Updates auf die
Optimierung von Apps und
Diensten für eine schnellere und
zuverlässigere Konnektivität
konzentrieren. Dies ermöglicht ein
flüssigeres Streaming-Erlebnis, eine
geringere Latenz beim Spielen und
eine verbesserte Leistung in

verschiedenen Anwendungen, die auf Echtzeitdaten angewiesen sind.

○ Erwarten Sie Verbesserungen bei der Integration von IoT-Geräten (Internet of Things), die es Benutzern ermöglichen, Smart-Home-Geräte nahtlos über ihre Android-Geräte zu steuern.

5. **Erweiterte Anpassungsoptionen**:

○ Da die Benutzerpersonalisierung immer wichtiger wird, werden kommende Android-Versionen wahrscheinlich mehr Optionen zum Anpassen von Startbildschirmen, Benachrichtigungen und dem gesamten Erscheinungsbild des Geräts bieten. Dazu können dynamischere Themen, Widget-Optionen und einzigartige App-Layouts gehören, die die individuellen Benutzerpräferenzen widerspiegeln.

Trends und Innovationen in der Android-Technologie

Wenn wir in die Zukunft blicken, werden mehrere wichtige Trends und Innovationen die Android-Landschaft prägen. Diese Trends spiegeln umfassendere technologische Veränderungen und Benutzeranforderungen wider, denen Android-Entwickler unbedingt gerecht werden möchten.

1. **Faltbare und Dual-Screen-Geräte**:
   o Der Aufstieg faltbarer Smartphones hat einen Bedarf an Software geschaffen, die sich an unterschiedliche Bildschirmgrößen und -ausrichtungen anpassen lässt. Android entwickelt sich weiter, um diese innovativen Formfaktoren zu unterstützen und Multi-Window-Funktionen sowie nahtlose Übergänge zwischen Bildschirmen zu ermöglichen.

○ Zukünftige Android-Updates werden wahrscheinlich Funktionen enthalten, die speziell für diese Geräte entwickelt wurden, wie z. B. App-Kontinuität, die es Apps ermöglicht, zwischen Bildschirmen zu wechseln, ohne die Funktionalität zu verlieren.

2. **Augmented Reality (AR) und Virtual Reality (VR):**

○ Die Integration von AR und VR in Android-Apps wird immer häufiger eingesetzt und bietet immersive Erlebnisse für Spiele, Shopping und Bildung. Es wird erwartet, dass kommende Android-Versionen die Unterstützung für ARCore verbessern und so die Entwicklung von AR-Anwendungen und -Erlebnissen vorantreiben.

○ Erwarten Sie auch Fortschritte bei der VR-Unterstützung, die Benutzern ansprechendere Möglichkeiten bieten, Inhalte über

mit Android kompatible
VR-Headsets zu erleben.

3. **Nachhaltigkeit und Energieeffizienz:**
   ○ Da Umweltbelange immer mehr an
   oberster Stelle stehen, könnten
   zukünftige Android-Entwicklungen
   den Schwerpunkt auf
   Nachhaltigkeit durch
   energieeffiziente Codierung und
   Funktionen legen, die die
   Akkulaufzeit verlängern.
   ○ Möglicherweise liegt der
   Schwerpunkt auch auf der
   Verbesserung der
   Gesamtenergieeffizienz von
   Geräten, um sicherzustellen, dass
   Benutzer ihre Geräte optimal
   nutzen und gleichzeitig ihren
   CO_2-Fußabdruck minimieren
   können.

4. **Integration von Gesundheits- und
   Fitness-Tracking:**
   ○ Angesichts des wachsenden
   Interesses an Gesundheit und

Fitness wird Android seine Fähigkeiten in diesem Bereich wahrscheinlich erweitern. Erweiterte Funktionen zur Gesundheitsüberwachung könnten direkt in das Betriebssystem integriert werden, sodass Benutzer verschiedene Gesundheitsmetriken überwachen können, ohne dass Apps von Drittanbietern erforderlich sind.

- ○ Erwarten Sie Verbesserungen bei Google Fit und die Möglichkeit, Trainingseinheiten, Schlafmuster und das allgemeine Wohlbefinden durch die nahtlose Integration mit tragbaren Geräten zu verfolgen.

5. **Konzentrieren Sie sich auf Barrierefreiheit**:

- ○ Das Engagement für Inklusivität wird weiterhin die Android-Innovation vorantreiben, mit kommenden Funktionen, die die Zugänglichkeit für Benutzer mit

Behinderungen verbessern sollen.
Dazu können eine verbesserte
Spracherkennung, bessere
Screenreader und Tools gehören,
die Benutzern mit
Mobilitätseinschränkungen die
Navigation auf ihren Geräten
erleichtern.

So bleiben Sie über Android-Neuigkeiten und -Updates auf dem Laufenden

Angesichts der rasanten Veränderungen im
Android-Ökosystem ist es für Benutzer, die ihr
Erlebnis maximieren möchten, unerlässlich, über
die neuesten Funktionen, Updates und
Innovationen auf dem Laufenden zu bleiben.
Hier sind einige effektive Möglichkeiten, um auf
dem Laufenden zu bleiben:

1. **Folgen Sie den offiziellen Android-Kanälen:**

○ Behalten Sie die offizielle Android-Website und den Blog im Auge, wo Google regelmäßig Neuigkeiten über neue Funktionen, Updates und Sicherheitspatches veröffentlicht. Wenn Sie diese Kanäle abonnieren, stellen Sie sicher, dass Sie zeitnahe Informationen direkt von der Quelle erhalten.

2. **Treten Sie mit Tech News Outlets in Kontakt**:

○ Verfolgen Sie seriöse Tech-News-Websites wie Android Central, The Verge und Ars Technica. Diese Verkaufsstellen bieten ausführliche Berichterstattung über Android-Entwicklungen, einschließlich neuer Geräteversionen, Software-Updates und aufkommender Trends.

3. **Treten Sie Online-Communitys und Foren bei**:

○ Nehmen Sie an
Online-Communitys auf
Plattformen wie Reddit, XDA
Developers und Android-Foren teil.
Diese Communities diskutieren
häufig die neuesten Entwicklungen,
tauschen Tipps aus und geben
Einblicke von anderen Benutzern
und Entwicklern.

4. **Nehmen Sie an
Android-Veranstaltungen und
-Konferenzen teil**:
   ○ Veranstaltungen wie Google I/O
   präsentieren kommende Funktionen
   und Innovationen. Durch die
   Teilnahme an diesen
   Veranstaltungen oder deren
   Online-Verfolgung können Sie aus
   erster Hand einen Einblick in die
   Zukunftsaussichten für Android
   erhalten.

5. **Nutzen Sie soziale Medien**:
   ○ Folgen Sie Android-bezogenen
   Konten auf

Social-Media-Plattformen wie
Twitter, Instagram und YouTube.
Viele Tech-Influencer und
Organisationen teilen
Echtzeit-Updates, Rezensionen und
Tutorials, um es einfacher zu
machen, auf dem Laufenden zu
bleiben.

6. **Abonnieren Sie Newsletter**:

   ○ Viele Tech-Websites und Blogs
   bieten Newsletter an, die die
   neuesten Nachrichten und Updates
   im Android-Ökosystem
   zusammenfassen. Wenn Sie diese
   Newsletter abonnieren, erhalten Sie
   kuratierte Inhalte direkt in Ihrem
   Posteingang.

Kapitel 20: Android-Tipps und Tricks

Android-Geräte sind vollgepackt mit Funktionen und viele Benutzer kratzen nur an der Oberfläche dessen, was ihre Geräte leisten können. In diesem Kapitel werden verschiedene versteckte Funktionen, Hacks und Tipps erläutert, die das Android-Erlebnis sowohl für Gelegenheitsnutzer als auch für Poweruser optimieren sollen. Ganz gleich, ob Sie Ihre Aufgaben rationalisieren, Ihre Produktivität steigern oder einfach mehr Freude an Ihrem Gerät haben möchten, dieses Kapitel bietet wertvolle Einblicke, die Ihnen dabei helfen, das volle Potenzial Ihres Android-Telefons auszuschöpfen.

Versteckte Funktionen und Hacks

1. **Schnelleinstellungsfeld**:
   - ○ Das Schnelleinstellungsfeld wird oft übersehen, ist aber eine Fundgrube an Funktionen. Greifen Sie darauf zu, indem Sie vom oberen Bildschirmrand nach unten wischen. Hier können Sie schnell Einstellungen wie WLAN, Bluetooth, „Bitte nicht stören" und Flugmodus umschalten. Sie können das Bedienfeld auch anpassen, um die Einstellungen zu priorisieren, die Sie am häufigsten verwenden.

2. **Split-Screen-Modus**:
   - ○ Der Split-Screen-Modus ermöglicht die gleichzeitige Ausführung von zwei Apps, was besonders beim Multitasking nützlich ist. Um es zu aktivieren, öffnen Sie die erste App

und greifen Sie dann auf den App-Umschalter zu (die quadratische Schaltfläche oder die Geste, abhängig von Ihrer Android-Version). Tippen Sie auf das App-Symbol und wählen Sie „Geteilter Bildschirm". Wählen Sie die zweite App aus, die Sie verwenden möchten. Beide werden dann nebeneinander angezeigt.

3. **Bildschirmfixierung**:
   - Screen Pinning ist eine Sicherheitsfunktion, die eine bestimmte App auf dem Bildschirm hält. Es eignet sich hervorragend zum Teilen Ihres Geräts, ohne Zugriff auf andere Apps zu gewähren. Um es zu aktivieren, gehen Sie zu Einstellungen > Sicherheit > Bildschirmfixierung. Öffnen Sie nach der Aktivierung die App, die Sie anpinnen möchten, gehen Sie zum App-Umschalter, tippen Sie auf das Pin-Symbol und

bestätigen Sie. Halten Sie zum
Lösen gleichzeitig die Schaltflächen
„Zurück" und „Übersicht"
gedrückt.

4. **Gesten und Verknüpfungen**:
   - ○ Viele Android-Geräte verfügen über
     eine integrierte Gestensteuerung.
     Sie können beispielsweise nach
     oben oder unten wischen, um auf
     die App-Schublade zuzugreifen,
     doppeltippen, um den Bildschirm
     zu aktivieren, oder bestimmte
     Bewegungen verwenden, um
     Screenshots zu machen. Überprüfen
     Sie die Einstellungen Ihres Geräts
     unter „Gesten", um herauszufinden,
     welche Optionen Ihnen zur
     Verfügung stehen.

5. **Funktionen für digitales Wohlbefinden**:
   - ○ Die Digital Wellbeing-Tools von
     Android helfen Ihnen, die Nutzung
     Ihres Geräts zu verwalten und
     gesündere Gewohnheiten zu
     fördern. Sie können App-Timer

einstellen, den Fokusmodus
aktivieren (der störende Apps
stummschaltet) und den
Entspannungsmodus verwenden,
um die Bildschirmzeit vor dem
Schlafengehen zu verkürzen. Diese
Funktionen finden Sie unter
Einstellungen > Digital Wellbeing
& Kindersicherung.

6. **Intelligente Antworten in
   Benachrichtigungen**:
   - ○ Intelligente Antworten nutzen
     maschinelles Lernen, um direkt in
     Ihren Benachrichtigungen schnelle
     Antworten auf Nachrichten
     vorzuschlagen. Mit dieser Funktion
     können Sie Zeit sparen, wenn Sie
     auf Textnachrichten oder E-Mails
     antworten, ohne die App zu öffnen.
     Um Smart Replies zu aktivieren,
     gehen Sie zu Einstellungen > Apps
     & Benachrichtigungen >
     Benachrichtigungen und stellen Sie
     sicher, dass es aktiviert ist.

Optimieren Android für Power-User

1. **Entwickleroptionen:**
   - ○ Durch die Aktivierung der Entwickleroptionen werden verschiedene Einstellungen freigeschaltet, die die Leistung und Anpassung verbessern können. Um es zu aktivieren, gehen Sie zu Einstellungen > Über das Telefon und tippen Sie sieben Mal auf die Build-Nummer. In den Entwickleroptionen können Sie Animationen anpassen, um die Benutzeroberfläche zu beschleunigen, USB-Debugging für die erweiterte App-Entwicklung aktivieren und Hintergrundprozessgrenzen konfigurieren.

2. **Verwendung von Launchern von Drittanbietern:**
   - ○ Wenn Sie ein persönlicheres Erlebnis wünschen, sollten Sie die

Verwendung von Launchern von Drittanbietern wie Nova Launcher oder Microsoft Launcher in Betracht ziehen. Mit diesen Apps können Sie Ihren Startbildschirm, Symbolpakete und Layouts an Ihren Stil anpassen. Sie verfügen häufig über zusätzliche Funktionen wie Gestenunterstützung und erweiterte Ordnerverwaltung.

3. **Erweitertes Batteriemanagement**:
   o Power-User können die erweiterten Akkueinstellungen nutzen, um die Akkulaufzeit zu verlängern. Verwenden Sie den Batteriesparmodus, um Hintergrundaktivitäten einzuschränken. Sie können auch unter „Einstellungen" > „Akku" > „Akkuverbrauch" ermitteln, welche Apps den meisten Akku verbrauchen, und entsprechende Anpassungen vornehmen.

4. **Aufgabenautomatisierung mit Apps**:

○ Mit Apps wie Tasker oder
Automate können Sie
automatisierte Aktionen basierend
auf bestimmten Auslösern erstellen.
Beispielsweise können Sie Ihr
Telefon so einstellen, dass es
WLAN einschaltet, wenn Sie zu
Hause ankommen, oder
Benachrichtigungen während einer
Besprechung stummschaltet. Diese
Automatisierungstools können
Ihren Tagesablauf erheblich
rationalisieren.

5. **Nutzung von Android File Transfer**:
   ○ Das Verwalten von Dateien auf
   Ihrem Android-Gerät kann mühsam
   sein. Verwenden Sie das
   Android-Dateiübertragungstool
   oder Apps wie AirDroid, um
   Dateien drahtlos zwischen Ihrem
   Telefon und Computer zu
   verwalten. Dies erleichtert die
   Übertragung großer Dateien ohne
   störende Kabel.

Zeitsparende Verknüpfungen

1. **Tastaturkürzel:**
   - ○ Wenn Sie mit Ihrem Android-Gerät eine externe Tastatur verwenden, können zahlreiche Tastenkombinationen die Produktivität steigern. Verwenden Sie beispielsweise Strg + C zum Kopieren, Strg + V zum Einfügen und Strg + Z zum Rückgängigmachen. Wenn Sie sich mit diesen Tastenkombinationen vertraut machen, können Sie beim Verfassen von Nachrichten oder Bearbeiten von Dokumenten Zeit sparen.

2. **Sprachbefehle:**
   - ○ Google Assistant kann über Sprachbefehle verschiedene Aufgaben ausführen, vom Einrichten von Erinnerungen bis zum Versenden von Textnachrichten. Um es zu

aktivieren, sagen Sie einfach „Hey Google" oder halten Sie die Home-Taste gedrückt. Die Verwendung von Sprachbefehlen kann Routineaufgaben beschleunigen, insbesondere wenn Ihre Hände beschäftigt sind.

3. **Benachrichtigungsverwaltung**:
   - Nutzen Sie die Benachrichtigungsverwaltungsfunkt ionen, um Ihren Benachrichtigungsschatten aufzuräumen. Drücken Sie lange auf Benachrichtigungen, um ihre Einstellungen zu ändern, „Bitte nicht stören" zu bestimmten Zeiten zu aktivieren oder Benachrichtigungen von wichtigen Apps zu priorisieren. Dies hilft Ihnen, sich auf das Wesentliche zu konzentrieren.

4. **Intelligente Ordner**:
   - Auf vielen Android-Geräten können Sie Ordner für Ihre Apps erstellen.

Gruppieren Sie ähnliche Apps, um das Scrollen zu minimieren und den Zugriff zu optimieren. Platzieren Sie beispielsweise alle Ihre Social-Media-Apps in einem Ordner und Produktivitäts-Apps in einem anderen.

5. **Schneller Zugriff auf Apps**:
   o Verwenden Sie die App-Verknüpfungen, die in der App-Schublade oder auf Ihrem Startbildschirm verfügbar sind. Drücken Sie lange auf ein App-Symbol, um auf bestimmte Aktionen wie das Erstellen eines neuen Dokuments oder das Starten einer neuen Nachricht zuzugreifen. Dies spart Zeit im Vergleich zum Öffnen der App und dem Navigieren durch Menüs.

6. **Verwendung von Widgets**:
   o Widgets sind eine hervorragende Möglichkeit, schnell auf Informationen und Funktionen

zuzugreifen, ohne Apps öffnen zu müssen. Platzieren Sie Widgets für Wetter, Kalender oder Musiksteuerung direkt auf Ihrem Startbildschirm, um wichtige Informationen auf einen Blick zu haben.

Glossar der Begriffe

1. **Android**: Ein Open-Source-Betriebssystem basierend auf dem Linux-Kernel, das hauptsächlich für mobile Touchscreen-Geräte wie Smartphones und Tablets entwickelt wurde.

2. **APK (Android-Paket-Kit)**: Das Dateiformat, das zum Verteilen und Installieren von Anwendungen auf Android-Geräten verwendet wird. Eine APK-Datei enthält alle notwendigen Komponenten für die Ausführung einer App.

3. **App-Schublade**: Ein Abschnitt der Benutzeroberfläche, der alle auf einem Android-Gerät installierten Apps anzeigt und Benutzern den Zugriff auf Apps ermöglicht, die nicht auf dem Startbildschirm platziert sind.

4. **Batteriesparmodus**: Eine Funktion, die die Geräteleistung reduziert und die Hintergrundaktivität begrenzt, um die Akkulaufzeit zu verlängern.

5. **Bluetooth**: Ein drahtloser Technologiestandard für den Datenaustausch über kurze Entfernungen zwischen Geräten, der häufig zum Anschluss von Peripheriegeräten wie Kopfhörern und Lautsprechern verwendet wird.

6. **Cloud-Speicher**: Ein Dienst, der es Benutzern ermöglicht, Daten über das Internet zu speichern und darauf zuzugreifen, anstatt auf einem lokalen Gerät. Zu den gängigen Diensten gehören Google Drive und Dropbox.

7. **Entwickleroptionen**: Ein verstecktes Menü auf Android-Geräten, das Zugriff auf erweiterte Einstellungen und Funktionen bietet, die hauptsächlich für Entwickler gedacht sind, wie z. B. USB-Debugging und Anpassungen der Animationsgeschwindigkeit.

8. **Werksreset**: Ein Prozess, der ein Android-Gerät in seinen ursprünglichen Systemzustand zurückversetzt und dabei alle Daten und Einstellungen löscht.

9. **Firmware**: Die Software, die in die Hardware eines Geräts eingebettet ist und die Funktionsweise des Geräts steuert. Firmware-Updates können die Leistung verbessern oder Fehler beheben.

10. **Google Assistant**: Ein virtueller Assistent mit künstlicher Intelligenz, der es Benutzern ermöglicht, Aufgaben auszuführen und über Sprachbefehle auf Informationen zuzugreifen.

11. **Startbildschirm**: Der Hauptbildschirm, der beim Einschalten eines Android-Geräts angezeigt wird und auf

dem Benutzer Verknüpfungen zu Apps, Widgets und anderen Funktionen platzieren können.

12. **Launcher**: Eine App, die den Startbildschirm und die Benutzeroberfläche der App-Schublade auf einem Android-Gerät ändert und so eine individuelle Gestaltung des Erscheinungsbilds und der Funktionalität des Geräts ermöglicht.

13. **Schadsoftware**: Schädliche Software, die darauf abzielt, programmierbare Geräte, Dienste oder Netzwerke zu beschädigen oder auszunutzen und häufig über infizierte Apps bereitgestellt wird.

14. **NFC (Near Field Communication)**: Eine Reihe von Kommunikationsprotokollen, die es zwei elektronischen Geräten ermöglichen, zu kommunizieren, wenn sie sich in unmittelbarer Nähe befinden, häufig für mobile Zahlungen verwendet.

15. **Benachrichtigungen**: Warnungen oder Nachrichten, die Benutzer über Aktualisierungen, Erinnerungen oder

Ereignisse von Apps und dem System informieren und normalerweise im Benachrichtigungsschatten angezeigt werden.

16. **Betriebssystem (OS)**: Die Software, die Hardware- und Softwareressourcen auf einem Gerät verwaltet und eine Plattform für die Ausführung von Anwendungen bereitstellt.

17. **Pro Mode**: Eine Kameraeinstellung, die Benutzern die manuelle Steuerung verschiedener Kameraparameter wie ISO, Verschlusszeit und Fokus ermöglicht und so fortgeschrittene Fotografie ermöglicht.

18. **Verwurzelung**: Der Prozess, Root-Zugriff auf das Android-Betriebssystem zu erhalten, wodurch Benutzer Systemdateien und Einstellungen ändern können, die normalerweise eingeschränkt sind.

19. **Bildschirmfixierung**: Eine Sicherheitsfunktion, die es einem Benutzer ermöglicht, eine App auf dem Bildschirm zu sperren und so den Zugriff

auf andere Apps oder Funktionen zu verhindern.

20. **Synchronisierung**: Der Prozess, bei dem sichergestellt wird, dass Daten über mehrere Geräte oder Dienste hinweg konsistent sind, wobei häufig die automatische Aktualisierung von Dateien oder Einstellungen erforderlich ist.

21. **Aufgabenautomatisierung**: Die Möglichkeit, automatisierte Aufgaben auf einem Android-Gerät einzurichten, häufig mithilfe von Drittanbieter-Apps wie Tasker oder IFTTT, um Routinen zu optimieren.

22. **USB-Debugging**: Eine Entwickleroption, die es einem Android-Gerät ermöglicht, zu Entwicklungszwecken mit einem Computer zu kommunizieren, beispielsweise um Apps direkt vom Computer zu installieren.

23. **Benutzeroberfläche (UI)**: Die visuellen Elemente und das Design des Geräts, mit dem Benutzer interagieren, einschließlich

Menüs, Schaltflächen, Symbolen und anderen Elementen auf dem Bildschirm.

24. **Widgets**: Kleine Anwendungen, die auf dem Startbildschirm platziert werden können und einen schnellen Zugriff auf Informationen oder Funktionen größerer Apps ermöglichen, z. B. Wetteraktualisierungen oder Kalenderereignisse.

25. **W-lan**: Eine Technologie, die es elektronischen Geräten ermöglicht, sich drahtlos mit einem lokalen Netzwerk zu verbinden und so den Internetzugang und die Kommunikation zwischen Geräten bereitzustellen.

26. **Firmware Over-the-Air (FOTA)**: Eine Methode zur drahtlosen Bereitstellung von Firmware-Updates für Geräte, die einfachere und effizientere Updates ermöglicht.

27. **Barrierefreiheitsfunktionen**: Tools und Einstellungen, die die Verwendung von Geräten für Menschen mit Behinderungen erleichtern sollen, einschließlich

Text-to-Speech, Vergrößerung und Hörgerätekompatibilität.

28. **Sicherung**: Der Prozess der Erstellung von Datenkopien zur Vermeidung von Verlusten, die auf Cloud-Diensten oder externen Geräten gespeichert werden können.

29. **Cache**: Temporärer Speicher, der Daten speichert, um die Ladezeiten von Apps und Webseiten zu verkürzen. Durch das Leeren des Caches können Leistungsprobleme behoben werden.

30. **Benutzerdefiniertes ROM**: Eine modifizierte Version des Android-Betriebssystems, die nicht vom Gerätehersteller bereitgestellt wird und häufig zusätzliche Funktionen oder verbesserte Leistung bietet.

31. **Zwei-Faktor-Authentifizierung (2FA)**: Ein Sicherheitsprozess, der vor dem Zugriff auf ein Konto zwei unterschiedliche Formen der Identifizierung erfordert und so eine zusätzliche Sicherheitsebene bietet.

32. **Mobiler Hotspot**: Eine Funktion, die es einem Android-Gerät ermöglicht, seine mobile Datenverbindung mit anderen Geräten zu teilen und so den Internetzugang für diese Geräte zu ermöglichen.

33. **Sprachbefehle**: Gesprochene Anweisungen, die das Gerät steuern oder Befehle über virtuelle Assistenten wie Google Assistant ausführen können.

34. **Betriebssystem-Update**: Der Prozess der Installation der neuesten Version des Android-Betriebssystems, die neue Funktionen, Sicherheitspatches und Leistungsverbesserungen umfassen kann.

35. **Bildschirmzeit**: Die mit dem Gerät verbrachte Zeit, die oft in den Digital Wellbeing-Einstellungen erfasst wird, um Benutzern die Verwaltung ihrer Nutzung zu erleichtern.

Bibel für Android-Benutzer

Bibel für Android-Benutzer

www.ingramcontent.com/pod-product-compliance
Lightning Source LLC
LaVergne TN
LVHW051222050326
832903LV00028B/2216